"十四五"时期国家重点出版物出版专项规划项目

★ 转型时代的中国财经战略论丛 ◢

产品异质性、生产率 与企业出口二元边际扩张

Product Heterogeneity,
Productivity and Dual Margins Expansion of Firms' Export

邢 洁 著

中国财经出版传媒集团

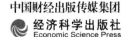

经济科学出版社
Economic Science Press

图书在版编目（CIP）数据

产品异质性、生产率与企业出口二元边际扩张/邢洁著. -- 北京：经济科学出版社，2022.11
（转型时代的中国财经战略论丛）
ISBN 978 - 7 - 5218 - 4261 - 6

Ⅰ.①产… Ⅱ.①邢… Ⅲ.①企业管理 - 出口贸易 - 研究 - 中国 Ⅳ.①F752.62

中国版本图书馆 CIP 数据核字（2022）第 214932 号

责任编辑：于 源 陈 晨
责任校对：靳玉环
责任印制：范 艳

产品异质性、生产率与企业出口二元边际扩张
邢 洁 著

经济科学出版社出版、发行 新华书店经销
社址：北京市海淀区阜成路甲 28 号 邮编：100142
总编部电话：010 - 88191217 发行部电话：010 - 88191522
网址：www.esp.com.cn
电子邮箱：esp@esp.com.cn
天猫网店：经济科学出版社旗舰店
网址：http://jjkxcbs.tmall.com
北京季蜂印刷有限公司印装
710×1000 16 开 11.75 印张 200000 字
2022 年 11 月第 1 版 2022 年 11 月第 1 次印刷
ISBN 978 - 7 - 5218 - 4261 - 6 定价：52.00 元
（图书出现印装问题，本社负责调换。电话：010 - 88191510）
（版权所有 侵权必究 打击盗版 举报热线：010 - 88191661
QQ：2242791300 营销中心电话：010 - 88191537
电子邮箱：dbts@esp.com.cn）

总　序

　　"转型时代的中国财经战略论丛"是山东财经大学与经济科学出版社在"十三五"系列学术著作的基础上，在"十四五"期间继续合作推出的系列学术著作，属于"'十四五'时期国家重点出版物出版专项规划项目"。

　　自 2016 年起，山东财经大学就开始资助该系列学术著作的出版，至今已走过 6 个春秋，期间共资助出版了 122 部学术著作。这些著作的选题绝大部分隶属于经济学和管理学范畴，同时也涉及法学、艺术学、文学、教育学和理学等领域，有力地推动了我校经济学、管理学和其他学科门类的发展，促进了我校科学研究事业的进一步繁荣发展。

　　山东财经大学是财政部、教育部和山东省人民政府共同建设的高校，2011 年由原山东经济学院和原山东财政学院合并筹建，2012 年正式揭牌成立。学校现有专任教师 1690 人，其中教授 261 人、副教授 625 人。专任教师中具有博士学位的 982 人，其中入选青年长江学者 3 人、国家"万人计划"等国家级人才 11 人、全国五一劳动奖章获得者 1 人、"泰山学者"工程等省级人才 28 人，入选教育部教学指导委员会委员 8 人、全国优秀教师 16 人、省级教学名师 20 人。近年来，学校紧紧围绕建设全国一流财经特色名校的战略目标，以稳规模、优结构、提质量、强特色为主线，不断深化改革创新，整体学科实力跻身全国财经高校前列，经管类学科竞争力居省属高校首位。学校现拥有一级学科博士点 4 个，一级学科硕士点 11 个，硕士专业学位类别 20 个，博士后科研流动站 1 个。在全国第四轮学科评估中，应用经济学、工商管理获 B＋，管理科学与工程、公共管理获 B－，B＋以上学科数位居省属高校前三甲，学科实力进入全国财经高校前十。2016 年以来，学校聚焦内涵式发展，全面实施了科研强校战略，取得了可喜成绩。获批国家级课题项目241项，教育部及其他省部级课题项目390项，承担各级各类横向课题445项；教师共发表高水平学术论文3700余篇，出版著作323部。同时，新增了山东省重点实验室、山东省重点新型智库、山东省社科理论重点研究基地、山东省协同创新中心、山东省工程技术研究中心、山东省两化融合促进中心等科研平台。学校的发展为教师从事科学研究提供了广阔的平台，创造了更加良好的学术生态。

"十四五"时期是我国由全面建成小康社会向基本实现社会主义现代化迈进的关键时期，也是我校合校以来第二个十年的跃升发展期。今年党的二十大的胜利召开为学校高质量发展指明了新的方向，建校70周年暨合并建校10周年校庆也为学校内涵式发展注入了新的活力。作为"十四五"时期国家重点出版物出版专项规划项目，"转型时代的中国财经战略论丛"将继续坚持以马克思列宁主义、毛泽东思想、邓小平理论、"三个代表"重要思想、科学发展观、习近平新时代中国特色社会主义思想为指导，结合《中共中央关于制定国民经济和社会发展第十四个五年规划和二〇三五年远景目标的建议》以及党的二十大精神，将国家"十四五"期间重大财经战略作为重点选题，积极开展基础研究和应用研究。

"十四五"时期的"转型时代的中国财经战略论丛"将进一步体现鲜明的时代特征、问题导向和创新意识，着力推出反映我校学术前沿水平、体现相关领域高水准的创新性成果，更好地服务我校一流学科和高水平大学建设，展现我校财经特色名校工程建设成效。通过向广大教师提供进一步的出版资助，鼓励我校广大教师潜心治学，扎实研究，在基础研究上密切跟踪国内外学术发展和学科建设的前沿与动态，着力推进学科体系、学术体系和话语体系建设与创新；在应用研究上立足党和国家事业发展需要，聚焦经济社会发展中的全局性、战略性和前瞻性的重大理论与实践问题，力求提出一些具有现实性、针对性和较强参考价值的思路和对策。

山东财经大学校长

2022 年 10 月 28 日

目　录

第1章 导 论

1.1 研究背景与意义

1.1.1 现实背景和意义

中国货物出口保持稳步增长是过去二十多年来国际贸易中最重要的现象之一。2000 年，中国货物出口总额为 2492.03 亿美元，2007 年突破 1 万亿美元，2012 年突破 2 万亿美元，2017 年，达到 2.26 万亿美元，中国成为世界第一大货物贸易国和第一大出口国。相比之下，美国货物出口总额 2000 年为 7818.31 亿美元，2007 年为 1.16 万亿美元，2012 年为 1.54 万亿美元，2017 年为 1.55 万亿美元。德国货物出口总额 2000 年为 5496.07 亿美元，2007 年为 1.33 万亿美元，2012 年为 1.41 万亿美元，2017 年为 1.45 万亿美元。而日本，2000 年货物出口总额为 4792.76 亿美元，2007 年为 7143.27 亿美元，2012 年为 7986.20 亿美元，到 2017 年，仅为 6980.97 亿美元。[①] 可见，无论是增长速度，还是所达的水平，中国货物出口都取得了举世瞩目的成就。究其原因，除了中国在国际贸易中的比较优势、国际国内宏观经济形势、中国所经历的贸易自由化进程等因素外，从企业本身出发主要有两种观点。第一种观点认为，中国出口企业之所以成功，主要是因为劳动力和中间投入

---

① 数据来源于联合国商品贸易统计数据库。

成本低，企业生产率与出口规模之间存在正相关关系。这种观点以张坤等（2016）、布兰施泰特和拉迪（Branstetter and Lardy, 2006）为代表。第二种观点认为，中国出口企业致力于对"能力建设"的投资，通过提高其产品吸引力扩大对其产品的需求，以布兰特等（Brandt et al., 2008）和萨顿（Sutton, 2007）为代表。

然而，随着中国劳动力工资水平的不断提高，成本优势逐渐减弱，来自劳动力成本更低的周边国家（例如印度、马来西亚、泰国以及越南等）的竞争日趋激烈。根据牛津经济研究院（Oxford Economics）2016年3月的研究报告，中国制造业的劳动力成本已经接近美国，中国单位劳动力成本只比美国低4%。这主要是因为中国制造业年度平均工资从2010年以来增加了约80%。2017年《中国企业—劳动力匹配调查报告》显示，印度工人的月平均工资为136美元、马来西亚为538美元、泰国为438美元、越南为206美元，而中国为650美元。尽管不同的统计部门和口径得到的结果不尽相同，但有一点是共同的，就是中国劳动力成本优势在逐渐减弱。同时，与部分发达国家相比，中国制造业产品的质量、性能和口碑等仍有一定差距，中国作为出口大国，享誉世界的品牌仍旧很少，很多行业产品仍然以价格低质量次为特点，部分国家和地区甚至用产品质量、商标等标准对中国企业的产品加以限制。

在纷繁复杂的国际市场上，中国出口企业该如何应对来自劳动力成本更低的周边国家的竞争、该如何与具有众多名牌的高质量产品的发达国家企业抗衡，必然是继续保持制造业出口稳定增长的关键。是降低成本还是加强产品特性更有利于扩大出口，只有确定了出口企业比较优势的关键来源，才能对此做出准确判断，那些资源和技术能力有限的企业才能做出更高效的权衡，从而才能做出有利于出口企业未来发展的生产决策。

1.1.2 理论背景和意义

随着国际贸易理论的发展，研究视角发生了巨大的变化。包括比较优势理论、绝对成本理论和要素禀赋理论的传统贸易理论，主要研究完全竞争和商品完全同质假设下的产业间贸易，以克鲁格曼为代表的经济学家提出的新贸易理论主要研究规模递增和不完全竞争框架下的产业内贸易，以梅利兹（Melitz，2003）为代表的新新贸易理论从微观的企业层面引入企业异质性来解释国际贸易和投资等现象。梅利兹（Melitz，2003）的主要观点是，企业的出口行为是以异质性的生产率为基础而做出的"自我选择"（self-selection），只有生产率较高的企业才能进入国际市场，而生产率较低的企业只能供应国内市场，生产率最低的企业则会选择停止生产。随后，达斯等（Das et al.，2007）、阿尔科拉基斯（Arkolakis，2010）、伊顿等（Eaton et al.，2011）反映进入出口市场固定成本的企业异质性引入异质性企业贸易理论。这一企业异质性的引入可以更好地解释动态出口市场进入模式、企业出口市场数目以及企业规模分布等。紧接着，企业层面的产品异质性也得到了学界的关注，比如阿拉和斯瓦达森（Hallak and Sivadasan，2009）、鲍德韦和哈里根（Baldwin and Harrigan，2011）、库格勒和菲尔霍根（Kugler and Ver-hoogen，2012）、克罗泽等（Crozet et al.，2012）、马丁和梅耶（Martin and Mejean，2014）。发展到今天，企业层面的异质性已经成为分析企业价格决策、目标市场选择和国际市场贸易模式等相关理论模型和实证研究的必备要素。越来越多的学者注意到，区分多个维度的企业异质性并且允许多个维度的企业异质性同时存在对企业出口行为和绩效的分析具有重要意义，其中包含欧和李（Aw and Lee，2014）、欧和李（Aw and Lee，2017）、热维斯（Gervais，2015）、莱丁和威斯特（Redding and Weinstein，2016）、罗伯茨等（Roberts et al.，2018）。

有关异质性企业贸易理论的研究主要有两个基本框架。一个是以梅利兹（Melitz，2003）为基础，使用不变替代弹性系数（CES）（即固定替代弹性）效用函数。另一个是以梅利兹和奥塔维亚诺（Melitz and Ot-taviano，2008）为基础，使用拟线性二次效用函数。这两个模型都得到了多个角度的拓展，或者引入其他或多个维度的企业异质性，或者放宽企业生产的部分假设，从而形成了异质性企业贸易理论的主流模型。其中，对梅利兹（Melitz，2003）模型的拓展应用较为广泛，而梅利兹和奥塔维亚诺（Melitz and Ottaviano，2008）模型还有很大的挖掘潜力。梅利兹和奥塔维亚诺（2008）模型克服了梅利兹（Melitz，2003）模型不变弹性和只能通过劳动力市场进行竞争的限制，可以通过商品价格进行竞争，市场作为一个整体对单个企业决策的影响并没有被忽视，市场均衡是由价格相互作用的众多企业的纳什均衡给出，更加贴近国际贸易现实。另外，尽管计算过程具有一定的复杂性，但也有很强的解析性，为进一步扩展研究提供了可能。

因此，在这样的理论背景下，本书将产品异质性和生产率异质性同时引入梅利兹和奥塔维亚诺（2008）模型的基本框架，分析产品异质性和生产率在企业出口绩效中的作用和相对重要性。并利用中国制造业企业生产和贸易的微观数据以及出口目的地的有关信息，从企业出口的深度边际和广度边际分别进行检验。

1.2　研究思路与内容简介

本书在异质性企业贸易理论的框架下，以拟线性二次效用函数为基础，同时引入产品异质性和生产率异质性，分析产品异质性和生产率异质性对企业出口绩效的影响，结合需求弹性和成本弹性与产品异质性和生产率的交互作用，进一步分析产品异质性和生产率在不同条件下的相对重要性。采用中国工业企业数据库和海关贸易统计数据库以及联合国商品贸易统计数据库的匹配数据，以中国具有代表性的 12 个制造业行业的出口企业为样本进行实证检验。分步骤来说，本书首先对异质性企业贸易理论、产品异质性和全要素生产率估计以及产品异质性和全要素生产率对企业出口二元边际的影响等相关研究进行梳理和回顾；然后在已有研究的基础上构建本书的理论模型，分析均衡条件下各关键变量之间的相互关系；接着介绍样本选择和数据处理的详细过程，并从典型化事实的角度对数据进行了初步分析；随后估计产品异质性、全要素生产率、需求弹性和成本弹性四个关键变量，在此基础上，构建实证模型，分别从企业出口的深度边际和广度边际对理论预测进行验证；最后得到本书的研究结论、政策建议、研究不足以及拓展方向。本书共分为八章，各章主要内容如下：

第 1 章导论，介绍本书的研究背景、研究思路与主要内容、主要研究方法以及创新点。

　　第2章文献综述，梳理异质性企业贸易理论、产品异质性和全要素生产率估计以及产品异质性和生产率对企业出口二元边际的影响等相关研究。第一，介绍了异质性企业贸易理论的主流模型及其拓展，并列举了相关实证研究；第二，详述了较为前沿的有关产品异质性和全要素生产率估计方法的研究；第三，按照是否对企业出口绩效进行细分为标准，分别归纳了产品异质性和生产率对企业出口绩效影响的相关文献；第四，对已有相关研究做了简要评述。

　　第3章产品异质性和生产率对企业出口绩效影响的理论分析。是全书的理论模型。从拟线性二次效用函数出发，同时引入产品异质性和生产率异质性，建立了一个出口企业模型。通过分析零出口利润条件，获得产品异质性、生产率和企业出口绩效之间的关系，并且发现需求弹性和成本弹性在其中的作用。其中，产品异质性通过构建需求指数来度量。分析零出口利润条件得到以下几条结论：第一，产品异质性和生产率都对企业出口绩效发挥了重要作用；第二，在零出口利润水平，产品异质性和生产率存在替代关系；第三，在出口利润非负的条件下，需求弹性越小，产品异质性相对生产率更为重要；第四，在出口利润非负的条件下，成本弹性越小，产品异质性相对生产率更为重要。

　　第4章数据处理与统计分析。首先介绍本书的数据来源，然后详述数据处理过程和样本选择过程，并对样本数据进行初步的统计分析，最后对样本分组标准进行说明。本书的研究不仅需要企业层面的生产和出口交易信息，还需要企业出口目的地的市场规模等信息，因此本书的数据主要来源于两个微观数据库和一个宏观数据库。通过对样本数据关键变量之间相关关系的分析，得到以下结论：企业产品价格与企业出口额、出口产品种数以及出口目的地个数之间均呈正比例关系；企业劳动生产率与企业出口额、出口产品种数以及出口目的地个数之间均呈正比例关系；企业产品价格与企业劳动生产率呈正比例关系。另外，对样本分组标准进行说明并对分组样本概况进行统计分析。

　　第5章对关键变量的估计与分析。关键变量包括：衡量产品异质性的需求指数、全要素生产率、需求弹性、成本弹性。为了得到关键变量的稳健估计，每个变量的估计过程，或者使用两种以上估计方法，或者进行必要的检验。通过考察关键变量之间关系得到的主要结论有：第一，所处行业产品差别程度较高的企业，其需求指数较高；第二，产品差别程度较高的行业，行业内企业需求指数分布较分散；第三，产品较为同质化的行业，行业内的企业加强产品特性所引起的边际成本增加较多；第四，加强产品特性所引起边际成本增加平均较多的行业，行业内的企业需求指数的分布较为集中。

第 6 章基于企业出口深度边际的实证分析，从深度边际角度考察产品异质性和生产率对企业出口绩效的影响。使用所选 12 个制造业行业的合并样本。采用两个指标衡量企业出口的深度边际：企业年度出口额和企业在出口目的地的年度市场份额。在对全体样本进行检验之后，又按照贸易方式、企业登记注册类型以及出口目的地等标准将全样本划分为不同组别进行分组估计，最后对全样本估计结果进行稳健性检验。在稳健性检验中，使用变量替代或使用其他方法重新估计产品异质性和生产率，检验全样本估计结果的稳健性。

第 7 章基于企业出口广度边际的实证分析，从广度边际角度考察产品异质性和生产率对企业出口绩效的影响。其中，企业出口广度边际由企业出口产品种数和出口目的地个数两个指标进行衡量。在实证模型中，由于被解释变量为有序离散变量，所以使用有序概率选择模型。解释变量除了全要素生产率和衡量产品异质性的需求指数之外，使用资本存量表示企业规模，加入需求弹性和成本弹性与生产率和需求指数的乘积项，加入行业和年份等虚拟变量。在对全样本实证分析之后，按照贸易方式、企业登记注册类型以及出口目的地等将全样本划分为不同组别进行分组检验，最后对全样本估计结果进行稳健性检验。

第 8 章结论与启示，对全书进行总结。归纳本书的主要结论，结合所得结论给出有针对性的政策建议，并且指出本书的不足之处，展望未来可能的拓展研究方向。

本书的技术路线如图 1-1 所示。

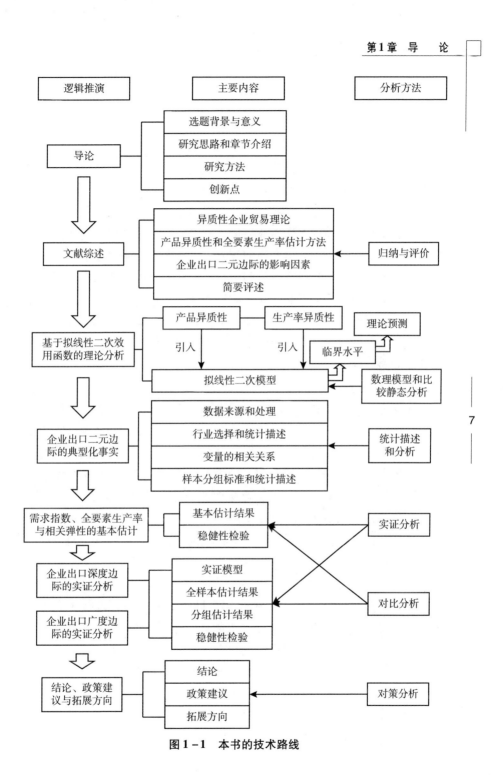

图1-1 本书的技术路线

1.3 研 究 方 法

本书的主要研究方法包括规范分析、实证分析以及对比分析，并将微观层面与宏观层面分析相结合，具体如下：

（1）规范分析方法。

本书在系统梳理相关研究成果的基础上，对有关异质性企业贸易理论、产品异质性和全要素生产率估计方法以及产品异质性和生产率对企业出口二元边际影响等研究进行归纳总结，在基于拟线性二次效用函数的异质性企业理论框架下对产品异质性和生产率在企业出口绩效中的作用和相对重要性进行规范分析。规范分析所要解决的是"应该是什么"的问题，从理论分析的角度得到研究结论，作为制定经济政策或者修改经济政策的依据。

（2）实证分析方法。

在理论分析的基础上，本书使用中国工业企业数据库和海关贸易统计数据库以及联合国商品贸易统计数据库的匹配数据，选择服装、除服装外的纺织制品、化纤制品、鞋帽、家具、玩具、塑料橡胶制品、陶瓷玻璃、机电音像设备、运输设备、光学医疗等仪器以及化学产品等12个制造业行业为样本，估计了企业层面的产品异质性和全要素生产率，运用两阶段最小二乘法、工具变量法、有序概率模型等多种方法进行实证分析，并且替换关键变量进一步进行稳健性检验，以检验规范分析结论的可靠性。

（3）对比分析方法。

本书的实证分析部分，在对全样本进行检验之后，进行了分组检验。样本分组主要从企业贸易方式、企业登记注册类型以及企业出口目的地等三个角度进行。按照企业贸易方式，分成一般贸易企业和加工贸易企业；按照企业登记注册类型，分成内资企业和港澳台商、外商投资企业；按照企业出口目的，分成美国/加拿大、欧盟、日本/韩国以及亚洲其他国家或地区等。通过分组对比，发现了产品异质性和生产率对企业出口绩效影响在不同贸易方式、登记注册类型和出口目的地等条件下的特点，使得本书的研究更加丰满。

（4）微观层面与宏观层面相结合。

本书不仅利用中国工业企业数据库和海关贸易统计数据库这两套微观数据获得企业层面生产和贸易的信息，还从联合国商品贸易统计数据库这一宏观数据库获得了出口目的地行业和市场规模等方面的信息，结合企业自身的特点和行业、出口目的市场的相关因素分析产品异质性和生产率对企业出口绩效的影响，并且，在分组分析中，进行了微观角度企业的分析归纳和宏观角度不同类型企业组别的总结。另外，本书还将估计所得企业层面的关键变量进行行业加总，考察行业关键变量之间的关系。

1.4 研究创新

本书力求在异质性企业贸易理论框架下探究企业层面产品异质性和全要素生产率对企业出口二元边际的影响，可能的研究创新主要有以下两个方面：

1.4.1 理论分析

本书将产品异质性和生产率异质性同时引入基于拟线性二次效用函数的异质性企业分析框架，展开分析。已有相关研究中，利用拟线性二次效用函数异质性企业模型的研究，以引入成本方面企业异质性为主；而引入产品异质性的研究，除马丁和梅耶（Martin and Mejean, 2014）以及欧和李（Aw and Lee, 2017）采用固定替代弹性效用函数企业异质性模型之外，大多为经验分析。本书通过区分并同时引入企业层面多个维度异质性，发掘来自企业本身影响企业出口绩效的关键因素，并考察与这两个异质性相对重要性有关的因素。

1.4.2 实证分析

第一，产品异质性的估计。本书通过构建需求指数衡量产品异质性，需求指数的估计采用欧和李（Aw and Lee, 2017）的方法，首次使用这一方法对中国主要出口行业的企业进行估计。在消除了消费者个人偏好、行业特点以及宏观经济环境等企业外部因素的情况下，企业所面临需求由产品价格和产品质量等产品特性决定，以同行业其他企业平均生产率为工具变量，通过两阶段最小二乘法估计企业需求函数的残差，得到每个企业的需求指数。

第二，样本选择。以中国出口企业为研究对象，选择了服装、除服装外的纺织制品、化纤制品、鞋帽、家具、玩具、塑料橡胶制品、陶瓷玻璃、机电音像设备、运输设备、光学医疗等仪器以及化学产品等12个具有代表性的制造业行业的出口企业为样本。已有研究中，除罗伯茨等（Roberts et al.，2018）是以中国制鞋业出口企业为研究对象之外，其他考察两个或多个方面企业异质性在出口决策中作用的研究大多以发达国家或者其他中等收入国家及地区的企业为研究对象。国内相关研究少有对主要出口行业进行区分和单独考察。从行业覆盖角度，本书样本包括了中国传统行业和主要出口行业，覆盖范围较广。

第三，分组估计和比较分析结果。本书按照贸易方式、企业登记注册类型以及出口目的地等标准将全样本划分为不同组别进行分组估计和对比分析得到三个具有一定创新性的结果。首先，在区分了一般贸易企业和加工贸易企业之后，与加工贸易企业相比，产品异质性在一般贸易企业出口扩张中的作用更大。其次，在区分了内资企业和外资企业之后，与外资企业相比，内资企业通过加强产品特性来扩大出口的效果更为明显。最后，在区分了出口目的地之后，对产品出口到美国、加拿大、日本以及韩国的中国企业来说，加强产品特性和提高生产率都相当重要；对于出口目的地为欧盟的中国企业来说，加强产品特性更有利于出口二元边际的扩张；对于出口目的地为除日韩以外亚洲其他国家或地区的中国企业来说，通过提高生产率降低成本扩大出口的效果更为明显。

第 2 章 文 献 综 述

本章结合本书研究主题，首先对异质性企业贸易理论的主流模型及其拓展研究进行梳理，对较为前沿的有关产品异质性和全要素生产率估计方法的研究进行归纳。然后，按照是否对企业出口绩效进行细分为标准，分别归纳产品异质性和生产率对企业出口绩效影响的相关文献。最后，对已有相关研究进行简要评述。

2.1 异质性企业贸易理论的相关研究

有关异质性企业贸易理论的研究主要有两个基本框架，无论选择这两个主流模型中的哪一个进行理论构建，大多通过引入更多的企业异质性或者放宽企业生产的假设条件等途径进行拓展分析。

2.1.1 Melitz 模型及其拓展研究

20 世纪 90 年代中后期，伯纳德等（Bernard et al.，1995）以及伯纳德和詹森（Bernard and Jensen，1997）等研究发现，出口企业与非出口企业之间在市场势力、生产率以及克服地理障碍等方面存在差异，国际贸易中的异质性企业问题开始受到学术界的关注。伊顿和科图姆（Eaton and Kortum，2002）、梅利兹（Melitz，2003）以及伯纳德等（Bernard et al.，2003）尝试从不同的角度对这一问题进行理论模型的构建和解释。其中，梅利兹（2003）对后来异质性企业贸易理论的研究起到了奠基性的作用。

（1）Melitz 模型。

梅利兹（2003）开创性的工作引领了新新贸易理论的潮流，将国际贸易理论的研究从行业层面转到企业层面甚至企业内产品层面。梅利兹（2003）模型之所以得到广泛的认可和应用，一方面由于模型本身的简洁精炼，另一方面由于模型假设条件具有很强的扩展性。学者们从不同角度对梅利兹（2003）模型的假设条件进行修正和放松之后，可以对多种情形下的国际贸易问题进行讨论，得出了很多重要结论，也启发了很多微观层面的经验验证。

梅利兹（2003）模型假设代表性消费者的效用函数由覆盖一系列连续的差异化产品的不变替代弹性系数（CES）（即固定替代弹性）函数给出，如最初在狄格斯特和斯蒂格里茨（Dixit and Stiglitz, 1977）中所示，可以借助所有产品数量和价格加总推导出每种产品的最佳消费和支出决策。每个企业只生产一种差异化产品，生产过程中只需要劳动这一种生产要素，而劳动在以经济规模为总体的水平上非弹性的供给。企业生产技术由成本函数代表，边际成本代表该企业的生产率水平，边际成本越小，生产率越高。根据企业收益的表达式得到，任何两个企业收益的比值只与这两个企业的生产率比值有关。经过对生产率分布尾部加以限制等，可以发现生产率的均衡分布形状是如何与外生的事前分布联系起来，并且允许生产率分布范围内生确定，分布范围又影响着加总的生产率水平。自由进入条件（free entry, FE）和零利润临界条件（zero cutoff profit, ZCP）表示平均利润水平和生产率临界水平（生产率大于该水平的企业，其利润大于零）的两种不同的关系，这两种关系确保了均衡结果的存在性和唯一性。

梅利兹（2003）建立了一个以生产率异质性企业为基础的行业动态模型，分析了国际贸易的行业内效应，国际贸易是如何促使生产率较高的企业进入出口市场，生产率较低的企业被局限在国内市场，而生产率最低的企业则只能退出所有市场。

（2）Melitz 模型的拓展研究。

在保持 Melitz 模型核心结构的基础上，主要有以下几种拓展方向：引入更多企业异质性、放松企业产品单一的假设或者将生产要素复杂化等。

一是引入更多企业异质性。鲍德韦和哈里根（Baldwin and Harrigan，2007）保持梅利兹（2003）企业生产率异质性和固定市场进入成本的假设，引入消费者对质量的偏好，从而价格最低的产品并不一定是最具竞争力的。他们的模型中，企业竞争力取决于其产品根据质量调整后的价格，质量越好的产品价格也就越高，相应的利润也就越大，并能够更好地渗透到远距离以外的市场。阿拉和斯瓦达森（Hallak and Sivadasan，2009）、鲍德韦和哈里根（Baldwin and Harrigan，2011）以及库格勒和菲尔霍根（Kugler and Verhoogen，2012）使用企业层面的出口数据发现产品质量差异是企业异质性的一个重要维度。由此，产品质量作为企业异质性的一个维度得到了挖掘和发展。马丁和梅耶（Martin and Mejean，2014）针对法国出口企业构建了反映产品质量的需求指数，发现法国企业在与来自低工资国家企业的激烈竞争中，需求指数的提高尤为显著。随后，产品异质性被引入，用来反映产品质量、功能以及品牌效应等产品特性的差异。已有研究中，产品异质性有的用产品质量差异来代替，有的通过构建需求指数来表示。霍特曼等（Hottman et al.，2016）在此基础上建立了一个估计企业产品异质性和边际成本的结构模型。达斯古普塔和蒙德里亚（Dasgupta and Mondria，2018）认为产品质量的不确定性是国际贸易中的重要问题，通过引入产品质量异质性构建模型，分析了中间投入在减轻产品质量不确定性方面所起的作用。另外，达斯等（Das et al.，2007）、阿尔科拉基斯（Arkolakis，2010）、伊顿等（Eaton et al.，2011）引入了又一种企业异质性，反映进入新出口市场的固定成本差异。这种企业异质性在解释动态出口市场进入模式、企业服务市场数目和出口企业规模分布时发挥了重要作用。区分不同维度并且同时考虑两个或多个维度的企业异质性对于异质性企业贸易研究有着越来越重要的意义。热维斯（Gervais，2015）、莱丁和威斯特（Redding and Weinstein，2016）、罗伯茨等（Roberts et al.，2018）区分并同时引入了两个或三个维度的企业异质性，从多个角度对企业出口模式、出口绩效进行分析和检验。

二是放松企业产品单一的假设。多产品企业的建模方法依赖于嵌套的 CES 偏好结构，其中连续的企业生产连续的产品。通过限制企业引入新产品，同类相食效应被排除了。给定 CES 偏好结构和连续体假设，所有企业和产品的加价都是外部固定的。因此，市场条件的差异或贸易成本的成比例降低对企业的产品组合选择（出口销售在产品中的相对分布）没有影响。相比之下，在拟线性模型中，不同目的地之间的加价差异（由竞争差异驱动）产生了不同目的地之间的相对出口差异：在竞争更激烈的市场中，在不同市场销售相同两种产品的特定企业将出口相对更多的性能更好的产品。伯纳德等（Bernard et al.，2010）在梅利兹（2003）的基础上，假设每个企业可以生产多种产品，分析了封闭型经济的情形。随后，伯纳德等（Bernard et al.，2011）分析了多个国家的开放型经济情形，从而完整地将梅利兹（2003）模型拓展到多产品模型。该模型允许企业之间和企业内部产品之间的差异，企业做出内生性的进入和退出决策，每个存活企业都选择最佳的产品范围供应给每个市场，并利用贸易政策的时间序列变化和贸易中的横向变化，提供了支持模型预测的经验证据。埃克尔等（Eckel et al.，2015）以及阿尔科拉基斯（Arkolakis，2015）建立了具有内生产品范围和出口决策的异质性企业贸易模型，研究跨国家和不同时期对企业产品范围的影响。这一类研究的重要发现包括：出口企业往往将其出口销售倾向于其表现最佳的产品，以伯纳德等（Bernard et al.，2011）以及迈尔等（Mayer et al.，2014）为代表，或者倾向于其替代弹性较小的产品，与小型出口企业的最低销售产品销量相比，大型出口企业的最低销售产品销量更少。另外，布罗达和韦恩斯坦（Broda and Weinstein，2006）以及霍特曼等（Hottman et al.，2016）在多产品分析中还考虑了产品差别程度。

三是生产要素复杂化。梅利兹（Melitz，2003）假设劳动是唯一的生产要素，伯纳德等（Bernard et al.，2007）将劳动要素进一步细分为熟练劳动和非熟练劳动，且两种劳动要素报酬不同，发现企业对贸易自由化的反应会在行业层面产生内生的李嘉图生产率反应，从而放大各国的比较优势。该模型着眼于对贸易成本下降的广泛的企业层面反应，当贸易成本下降时，具有比较优势的行业的企业更有可能选择出口，具有比较优势的行业的相对企业规模和相对企业数量增加更多，与不具有比较优势的行业相比，具有比较优势的行业的新雇人员比例也更高。宋和朱（Song and Zhu，2011）又在此基础上引入了行业间的关联，考察了企业在贸易自由化过程中资源再分配和收入再分配中的作用，发现贸易自由化降低了贸易自由化前的比较优势。

2.1.2 拟线性二次模型及其拓展研究

梅利兹和奥塔维亚诺（Melitz and Ottaviano，2008）使用奥塔维亚诺等（Ottaviano et al.，2002）的拟线性二次效用函数，建立了一个垄断竞争的异质性企业贸易模型，企业异质性来源于生产率的差异。经过迈尔（Mayer，2014）等进一步拓展，逐渐成为除梅利兹（2003）模型外另一异质性企业贸易理论的主流模型。

（1）拟线性二次模型。

模型假设所有消费者拥有共同的效用函数，覆盖一系列连续的差别化产品和一种基准产品，代表性消费者对一系列连续的差别化产品具有相同的偏好程度，但是，消费相同数量的产品，所包含产品种类越多，所得效用越大。劳动是唯一的生产要素，在完全竞争的要素市场上非弹性地供给。基准产品的生产在单位成本上规模报酬不变，基准产品的市场也是完全竞争的。生产差别化产品的边际成本等于单位劳动需要（unit labor requirement）。在拟线性二次效用函数假设条件下，价格水平以累加项的形式出现在需求函数，也就是说单个企业需要通过价格水平来确定自己的均衡价格。尽管，单个企业忽略了其对市场的影响，但是，市场作为一个整体对单个企业决策的影响并没有被忽视。因此，市场均衡是由价格相互作用的众多企业的纳什均衡给出。

拟线性二次模型克服了梅利兹（2003）不变弹性和只能通过劳动力市场进行竞争的限制，允许可变的替代弹性，并可以通过商品价格进行竞争，更加贴近国际贸易现实。安虎森（2009）指出，引入拟线性二次效用函数，企业面临的需求曲线是线性的，企业的最优定价隐含着对竞争者定价策略的考虑，这就产生了所谓的竞争效应，不同企业产品之间具有一定的替代能力，这种替代能力使得每种产品的生产者都与其他产品生产者之间存在一定的竞争，而这种竞争是间接的，即每种产品生产者的定价策略通过影响总价格水平而间接影响其他企业的定价。另外，由于内生变量可以用外生变量的线性表达式表示，拟线性模型具有更好的解析分析能力。而在以不变替代弹性系数（CES）效用函数为基础的理论框架内，奥塔维亚诺等（Ottaviano et al.，2002）认为企业定价是独立的，同时，企业定价策略中的非线性关系使得很多结论必须借助于数字模拟的方法才能得到。

（2）拟线性二次模型的拓展研究。

对于拟线性二次模型的拓展，主要是引入更多维度的企业异质性，除此之外，将单一产品拓展成多种产品或者放松其他假设等。

一是引入更多企业异质性。福斯特等（Foster et al.，2008）将异质性的消费者偏好引入拟线性二次模型，异质性的消费者偏好被看作是需求移位器（demand shifter），分析了为何企业在高需求市场更有可能以较高的价格出口其产品或者在价格不变的情况下有更多的销量，还发现其产品面临较高需求的企业即使生产率较低也比较容易存活下来。在梅利兹和奥塔维亚诺（Melitz and Ottaviano，2008）的基础上，大久保等（Okubo et al.，2010）进一步将企业区分为高成本和低成本两种类型，分析了异质性企业的空间选择效应，发现低成本企业往往聚集在较大的目标市场国家，而高成本企业则通过定位在较小的国家来躲避效率更高的企业的竞争，但是，当市场空间分离不再是躲避来自国外竞争的充分保护时，高成本企业不得不定位在较大的目标市场国。戴考米特等（Di Comite et al.，2011）将产品垂直和水平两个维度的需求异质性引入拟线性二次模型，其中产品垂直差别来自产品的质量、水平差别来自产品面临的偏好，在可变替代弹性和竞争效应的框架下讨论了出口价格与目标市场的关联，并且使用比利时出口企业的微观数据进行了验证，发现企业产品在目标市场的价格依赖于产品本身的特点，而销量则由市场—产品的组合特征决定。皮卡德和大久保（Picard and Okubo，2012）在拟线性二次效用函数中引入了异质性偏好，从经济地理的角度展示了面临不同需求的企业的选址问题，其产品面临较高需求的企业更倾向于在较大的目标市场国家建厂，而较大的国家也因此聚集了较多高需求的产品种类和企业。这种由需求异质性引起的空间选择效应和分类效应依赖于产品种类需求强度的分布。他们进一步对资本要素跨区域移动和劳动要素跨区域移动两种情形进行了分析，从要素趋向报酬更高的区域角度分析企业的选址。在此基础上，科斯塔等（Costa et al.，2015）引入企业国际化策略，企业绩效作为企业国际化策略的函数，考察了企业国际化策略选择对企业出口参与的影响，发现采取较为复杂的国家化策略的企业效率较高、出口产品范围较广。乌什切夫和泽诺（Ushchev and Ze-nou，2018）引入产品差异性，产品空间被定义为由产品之间替代弹性联系起来的网络，消费者也按照与其对应的"理想"产品种类被定位在这个网络中，证明了存在唯一的伯特兰德—纳什均衡，并且研究了本地产品差异和空间因素对均衡价格的影响。罗德里格和谭（Rodrigue and Tan，2019）发展了一个内生性选择价格和产品质量的异质性企业模型，研究发现：出口企业在刚进入市场阶段，产品质量和价格都较低；随着需求的增加，产品质量、价格和出口额会逐渐增长。

二是其他拓展研究。芬斯特拉和马（Feenstra and Ma，2008）以及埃克尔和尼尔瑞（Eckel and Neary，2010）建立了多产品企业的理论模型，强调了竞争对企业产品销售分布的影响。这两个模型都包含了企业扩大产品范围时发生的自相残杀效应。迈尔等（Mayer et al.，2014）将拟线性二次模型由单一产品拓展为多种产品企业模型，突出了市场目的地的竞争如何影响企业出口产品范围和产品组合，展示了出口市场竞争的激烈程度是如何导致企业将其销售倾向于其表现最佳的产品，并通过对法国出口商的考察验证了这一理论预测。他们发现，目标市场的市场规模和地理因素等对于企业在不同目标市场的出口产品组合有着重要影响。在迈尔等（2014）的模型中，依赖于需求方的竞争效应，这是由出口市场中卖方数量及其平均价格的变化所驱动的。同类相食效应不会发生，因为一个连续体中的每个企业都生产离散数量的产品，因此永远不会达到有限的质量。这种简化的好处是，可以考虑一个具有多个不对称国家和不对称贸易壁垒的开放经济均衡，而芬斯特拉和马（Feenstra and Ma，2008）以及埃克尔和尼尔瑞（Eckel and Neary，2010）将其分析局限于一个没有贸易壁垒的单一全球化世界。因此，迈尔等（2014）的模型能够捕捉地理因素在形成出口市场目的地竞争差异中的关键作用。玛丽亚等（Maria et al.，2017）放松以往研究中对异质性企业生产率分布的假设，为生产率分布偏离帕累托分布的情况提供了贸易国加总弹性的量化方法，对贸易国加总弹性的组成部分进行预测，并使用中、法两国企业层面的微观数据和国家层面的宏观数据进行验证。弗洛拉等（Flora et al.，2016）的理论框架是梅利兹和奥塔维亚诺（Melitz and Ottaviano，2008）模型的扩展版本，该模型以企业间的质量和空间差异为特征，他们发现企业的提价与企业生产率正相关，与当地竞争的激烈程度负相关。考虑到企业加价和出口之间的关系，实证表明，对出口企业来说价格加成更高，一定程度上表明质量提高渠道超过了全球竞争的价格压低渠道。在这一新的建模路线的基础上，构建一个关于企业层面价格加成决定因素的实证研究。他们允许一组丰富的变量来决定内生的企业价格加成。在梅利兹和奥塔维亚诺（Melitz and Ottaviano，2008）原始贸易模型中，企业收取的平均价格加成取决于四个主要决定因素：企业相对于国内外竞争对手的相对效率、国内和出口市场规模、进口竞争激烈程度以及贸易成本水平。同时将产品质量差异和空间因素引入梅利兹和奥塔维亚诺（Melitz and Ottaviano，2008）模型，其中企业位置对其相对绩效至关重要。这个理论框架产生了几个关于企业价格加成决定因素的可检验含义。为了检验这些预测，遵循两步实证策略：第一，估计企业层面的价格加成，并将其应用于 1998～2007 年法国制造企业的大样本；第二，将企业价格加成与企业层面的特征（企业生产率、出口参与度以及企业出口市场的平均财富和平均出口距离）和竞争环境层面的特征（当地市场的规模和行业层面的进口渗透率）联系起来。根据理论框架，他们发现企业价格加成与企业生产率正相关，与当地竞争的激烈程度和进口渗透程度负相关。研究还发现，企业的价格加成与出口参与正相关。然而，更进一步提供了一些证据，证明出口企业的价格加成与出口的国家的平均财富和他们出口的平均距离正相关，这表明不同市场之间的质量差异，与之前的研究一致。

2.2　产品异质性和全要素生产率估计方法研究

有关产品异质性和全要素生产率估计的文献，特别是有关全要素生产率估计的文献，为数众多。随着相关研究不断完善，估计方法也不断改进。本节主要对比较前沿的估计方法进行归纳。

2.2.1　产品异质性的估计

产品异质性是指同类产品之间存在的差异，例如质量、功能、外观设计以及品牌等。在解释国际产业内贸易现象的相关理论中，产品异质性可以被分成两种类型，即垂直差异和水平差异。垂直差异主要指在质量方面的差异，水平差异主要指外观设计、规格等方面的差异。本书的产品异质性包含了垂直差异和水平差异。已有文献大多使用产品质量异质性代替产品异质性，或者通过构建需求指数（index of demand）表示。

一是将产品质量与成本相对应。沙凯德和萨顿（Shaked and Sutton，1987）认为企业通过改变边际成本或固定成本或同时改变这两者对产品质量水平进行最优选择，为了提高消费者的支付意愿引起相应的成本增加，包括产品改进和完善过程中的研发投入以及为提高感知质量而投入的广告支出等，因此成本反映了产品特征。因此，斯考特（Schott，2004）、哈迈尔斯和斯凯伯（Hummels and Skiba，2004）、哈迈尔斯和克莱奴（Hummels and Klenow，2005）以及阿拉（Hallak，2006）采用单位价值（unit value）作为产品质量的代理变量。影山（Kageyama，2007）以丰田汽车的豪华车系雷克萨斯为例说明产品质量与其生产成本对应。雷克萨斯由高度复杂和高度计算机化的制造车间生产，因为与其他丰田汽车相比，雷克萨斯对于焊接、车身板件和喷漆等工艺要求更高，需要具有丰富经验的技术工人来完成。卡莱格瑞（Calgary，2010）列举了爱马仕铂金包的例子，爱马仕铂金包因其高昂的价格和名人必备的特点等被认为是财富的一个象征，其皮革来源于多个各具特色的皮革商，并由专业匠人手工缝制、染色和抛光。这几个例子都表明，高产品质量不仅对应着高固定成本，也对应着高可变成本。克罗泽等（Crozet et al.，2012）认为法国葡萄酒的质量依赖于酿酒所使用的葡萄的质量，最终产品的质量取决于中间投入品的质量。种植优质葡萄的农民通常避免过度种植以保证葡萄的口味，因此来自这些声誉好的葡萄园的葡萄价格也较高。另外，香槟酒需要更多的时间来使酒糟获得更复杂的味道，也意味着需要投入更多成本。库格勒和菲尔霍根（Kugler and Verhoogen，2012）展示了高质量的中间投入即高边际成本与高产品质量相对应。鲍德韦和哈里根（Baldwin and Harrigan，2011）、范等（Fan et al.，2015）以及阿拉和斯瓦达森（Hallak and Sivadasan，2013）采用了产品质量和边际成本之间的联系来反映产品质量。安东尼亚德斯（Antoniades，2015）以及皮卡德（Picard，2015）则认为高研发投入或者说高固定成本与高质量相对应。单位价值可以从贸易数据中比较容易地获得，但是，单位价值和产品质量的定义并不完全一致。比如，具有相同价格（单位价值）的产品，那些具有时尚外观或者强大功能的产品因为被认为质量更好往往拥有更多的消费者。也就是说，产品竞争力并没有准确地反映在基于单位价值的质量测量中。

二是通过构建需求指数估计。哈拉克和斯考特（Hallak and Schott，2008）利用贸易余额信息将各国可观测到的出口价格分解成产品质量指数和质量调整后的纯价格指数两部分，不再用单位价值来表示产品质量。某个国家的行业贸易净额可以表示成价格指数的线性函数，与有贸易赤字的国家相比，有贸易盈余的国家其产品质量更高，首先根据贸易净额估计价格指数，再结合可观测的出口价格估计产品质量。然而，哈拉克和斯考特（Hallak and Schott，2008）的估计仍然是基于行业的，而非企业层面的。热维斯（Gervais，2009）开发并实施了一种方法，通过在不变替代弹性系数（CES）效用函数引入质量指数来覆盖所有可能在价格不变的情况下增加需求的产品特征，利用收益和物质产出数据，使用两阶段最小二乘法估计需求函数，得到由需求函数剩余和系数估计值表示的企业层面的产品质量，价格不变的情况下，销量大的企业其产品被认为是高质量的。并且，使用这一方法把企业之间价格和出口状态的变化分解成质量和效率两个边际，实证结果表明，价格随着质量提高而提高、随着效率提高而降低，但是否出口的选择决策更多地取决于质量。在此基础上，施炳展（2014）构建了产品质量内生决定模型，需求方程残差估计过程中，选择企业在其他市场出口产品的平均价格作为该企业在某一市场出口产品价格的工具变量，首次估算了中国企业层面出口产品质量。坎德维尔（Khandelwal，2010）发展了以对数需求函数为基础的产品质量估计方法。这一方法考虑了产品之间市场份额的差异，在相同价格水平，具有越高市场份额的产品，其质量就越高。虽然，影响市场份额的因素有很多，但是，在控制了价格后，这个集合就很大程度地被缩小了。比如，一种产品在美国市场占据较大的份额可能是由于其产地靠近美国，但由于价格包含了运输成本，因此产品质量估计就不覆盖距离效应。同样，至于自由贸易区等内部贸易免关税的情形，由于价格包含了关税，加拿大和墨西哥在美国的产品都免关税，那么其他产地的含税价格的同类产品就被排除在外。并且，坎德维尔（Khandelwal，2010）将这一方法应用到美国贸易数据，针对几百种制造业产品，估计了不同产地的产品质量。埃米蒂和坎德维尔（Amiti and Khandelwal，2013）、斯密茨等（Smeets et al.，2014）、贝尔尼尼等

（Bernini et al.，2013）以及久光和森川（Hisamitsu and Toshiyuki，2016）使用了类似的方法对产品质量进行估计。欧和李（Aw and Lee，2017）采用两阶段最小二乘法，以同行业其他企业的平均生产率为工具变量，估计需求函数，得到由需求函数剩余和需求弹性估计值标识的需求指数，即产品异质性。本书对产品异质性的估计主要参照这一方法。罗伯茨等（Roberts et al.，2018）建立了代表需求异质性的需求指数，作者指出，之所以不是质量指数而是需求方面的异质性指数，是因为其涵盖了所有可能在不变价格情况下引起更大市场份额的产品特征，对企业层面产品质量的估计则是通过贝叶斯—马尔可夫链蒙特卡罗（Bayesian MCMC）方法完成，还同时估计了边际成本和固定成本异质性指数。

2.2.2　全要素生产率的估计

对于全要素生产率的估计通常是从拟合生产函数开始的。要获得生产函数参数的一致估计，需要解决两个相关估计问题：一个是由不可观测到的生产率和停止生产决策之间的相关关系产生的选择问题；另一个是由生产率和要素投入之间的相关关系产生的同时性问题。本节以奥莱和帕克斯（Olley and Pakes，1996）为节点，分两个时期梳理有关全要素生产率估计的研究。

一是较为早期的研究。韦德旺（Wedervang，1965）最早对选择问题进行了讨论，但并没有给出针对该问题的估计算法。帕克斯和格瑞里奇（Pakesand Griliches，1984）提出样本选择程序有可能造成生产函数的估计偏差。达维斯等（Davis et al.，1991）也注意到进入和退出对生产函数估计的影响问题，把渔船生产率分析中的年龄效应解释成由退出产生的选择偏差问题。而关于同时性问题的分析最早追溯到马尔沙克和安德鲁斯（Marschak and Andrews，1944）。马尔沙克和安德鲁斯（1944）将生产率定义为产出和投入关系中得到的剩余，内生性问题的产生是由于要素投入的选择取决于企业对其生产率的认知，如果生产率存在时序的相关性，要素的投入将受到影响，普通最小二乘法就无法考虑不可观测的生产率的变化，也就无法得到要素投入系数的无偏估计。马尔沙克和安德鲁斯（1944）之后，很多研究开始意识到建立行为模型来估计生产函数参数的替代变量的重要性。格瑞里奇（Griliches，

1967）就提到，如果不建立完整的生产和投入决策行为模型，就很难对同时性问题做出充分的考虑。蒙德拉克（Mundlak，1963）使用平衡面板，保留在整个样本时间持续生产的企业，计算生产函数参数的组内估计量，在特定的简化假设下，所得组内估计量控制了由内生性投入产生的同时性问题。无论是分析选择问题还是同时性问题，都需要企业行为的动态模型，允许企业特定的效率差异随着时间的推移表现出特殊的变化。为了解决选择问题，模型必须确定退出规则；为了解决同时性问题，模型需要在做出投入决策时明确可得信息。基于此，约万诺维奇（Jovanovic，1982）、兰伯森（Lambson，1992）、霍彭哈恩和罗杰逊（Hopenhayn and Rogerson，1993）、艾力克逊和帕克斯（Ericson and Pakes，1995）等建立了允许特殊不确定性、进入和退出的模型。

二是较为近期的研究。奥莱和帕克斯（Olley and Pakes，1996）为解决选择问题和同时性问题提供了一种估计生产函数参数的一般性算法，建立了允许企业特定差异和变化的企业行为动态模型，平衡了进入和退出的影响，为生产函数参数开发了半参数估计量。其中，半参数估计量可以与大部分理论框架的一般模式相融合，依赖于在特定时间点只有一种引起企业行为差异的不可观察的状态变量的假设，并且要求投资随着生产率的提高而增加。总的来说，奥莱和帕克斯（Olley and Pakes，1996）使用投资作为不可观测的生产率冲击的代理变量进行两阶段估计，第一阶段利用生产率的马尔可夫性质可以把假设（当期的投资和资本存量水平在前一期进行决策，当期工资水平作为自由变量在当期意识到产出冲击后进行决策）当作矩条件估计生产函数部分参数，第二阶段利用第一阶段估计所得剩余估计生产函数其他参数。其中的重要假设是投资和产出之间保持严格单调关系，即投资是可逆的。在此基础上，莱文森和彼得林（Levinsohn and Petrin，2003）认为投资并不是生产率良好的代理变量，投资不能即时地对生产率变化做出反应，他们提出可以把不可观测的生产率表示成可以观测的资本存量和中间投入的函数。另外，由于很多企业在部分年份没有正的投资，不能保证投资可逆的假设，莱文森和彼得林（2003）的方法更为实用。伍德里奇（Wooldridge，2009）对奥莱和帕克斯（Olley and Pakes，1996）以及莱文森和彼得林（Levinsohn and Petrin，2003）的方法进行了更加有效的改进，将两阶段估计改为联合估计，使用广义矩估计，这样估计量就避免了可能有的共线性问题。阿凯伯格等（Ackerberg et al.，2015）对奥莱和帕克斯（Olley and Pakes，1996）以及莱文森和彼得林（Levinsohn and Petrin，2003）的方法也进行了有效的调整，第一个阶段只是剔除随机供给冲击的干扰，所有系数均在第二阶段进行估计，避免了要素投入和控制变量之间的共线性。

国内很多学者也对企业层面的全要素生产率进行了估计。谢千里等（2008）、张杰等（2008，2009）、鲁晓东和连玉君（2012）以及张天华和张少华（2016）等利用中国企业层面微观数据使用上述比较前沿的方法对中国企业全要素生产率进行了估计。其中鲁晓东和连玉君（2012）以及张天华和张少华（2016）对现有方法估计所得全要素生产率的结果进行了对比分析。

2.3　产品异质性和生产率对企业出口影响效应研究

产品异质性和生产率对企业出口影响效应的相关研究，按照是否区分企业出口边际分为两类。未区分企业出口边际的影响效应研究主要是选取企业出口表现的某个角度，企业出口二元边际的影响效应研究则是较为全面地考察产品异质性和生产率对企业出口深度边际和广度边际的影响效应。

2.3.1　未区分企业出口边际的影响效应研究

部分文献尽管考察了产品异质性和全要素生产率对企业出口绩效的影响，但并没有对企业出口绩效进行深度边际和广度边际的细分，因此这一部分对这些没有细分企业出口绩效边际的研究进行梳理。

马丁和梅耶（Martin and Mejean，2014）针对法国出口企业建立了企业层面反映产品质量差异的需求指数，发现法国出口企业在面临来自低工资国家激烈竞争的市场，其需求指数的提高尤为显著。但是，马丁和梅耶（2014）并没有考虑由于生产率提高带来的成本降低对企业在国际市场获得成功的影响路径。欧和李（Awand Lee，2014）区分并同时引入产品质量异质性和生产率异质性考察了这两者对企业出口决策的影响，发现企业出口决策依赖于企业的生产率、目标市场消费者对企业产品的需求偏好以及建立国外销售网络的固定成本等因素。其中，产品质量异质性和生产率异质性在企业出口决策中的相对重要性与企业组织形式（出口或者对外直接投资）等有关。埃克尔等（Eckel et al.，2015）分析了产品质量和生产率对多产品企业出口价格的作用，但是，并没有直接估计表示产品质量和生产率的指数，而是考察了产品价格和产品是否被归类为同质的或者差别化的。热维斯（Gervais，2015）开发并实施了一种方法，用于从收入和产出数据中获得对企业层面产品质量的估计值，给定价格的条件下销量越多的企业其产品质量越高。利用这种方法将企业之间出口状态和产品价格的差别分解成产品质量和生产效率两个方面。实证结果表明，与生产率相比，产品质量在企业出口决策中发挥了更大的作用。弗托和斯麦休（Piveteau and Smagghue，2015）提出了一种基于贸易数据使用工具变量估计企业层面产品质量的方法，按照不同国家将企业进口份额与真实汇率相互作用从而获得与产品质量正交的成本转换器（cost shifter），使用此进口加权汇率作为价格的工具变量，从出口剩余中识别出企业层面的产品质量。实证结果发现，当企业产品质量提高时，企业会在其出口产品组合中添加更多的产品，这一方法使得产品质量在企业出口中的作用不会被生产率的作用所掩盖。莱丁和威斯特（Redding and Weinstein，2016）利用高度细分的产品价格和销量分析发现，产品质量的差异解释了50%～70%的企业出口规模差异，而成本差异只占到不到24%。霍特曼等（Hottman et al.，2016）利用美国42个城市商品的条形码和销量建立了一个结构模型，基于需求方程和价格方程来估计产品异质性和边际成本，发现在解释企业出口规模的变化时产品异质性比成本发挥了更为重要的作用，并且考虑了产品差别程度的影响，其中50%～70%的企业出口规模差异可以由产品异质性的差异来解释、不到25%由边际成本的差异来解释。但是，霍特曼等（Hottman et al.，2016）在估计企业边际成本时，并没有把生产率从投入成本中单独剥离出来。罗伯茨等（Roberts et al.，2018）使用中国制鞋业企业层面2002～2006年贸易和生产的微观数据构建了需求、边际成本和固定成本三个维度的企业异质性指数，估计结果表明这三个维度的企业异质性在市场份额变化、销量变化和价格变化中都发挥了重要作用。另外，在取消对中国出口欧盟的鞋类配额后，需求指数较高和固定成本指数较低的企业更容易快速重组扩张。

2.3.2 企业出口二元边际的影响效应研究

关于出口二元边际的界定，大多是基于国家层面，把一国的出口增长分解成深度边际（或集约边际，intensive margin）和广度边际（或扩展边际，extensive margin）。已有文献对深度边际的界定比较一致，指现有出口企业现有产品销量的增长。而关于广度边际，并没有统一的界定。赫尔普曼等（Helpman et al.，2008）、菲博梅尔和科勒（Felbermayr and Kohler，2006）认为广度边际主要是指出口国和其他国家建立新的贸易伙伴关系，即目标市场个数的增加；哈迈尔斯和克勒努（Hummels and Klenow，2005）、钱学锋等（2013）认为，在对出口总量进行分解之后，出口产品种类的增加即出口的广度边际；曼努瓦和张（Manova and Zhang，2009）认为广度边际还应该包括在现有出口企业基础上新出口企业的增加。伯纳德等（Bernard et al.，2010），把企业出口增长分解为包括出口产品种数和目标市场个数在内的广度边际和以企业出口额代表的深度边际，利用比利时出口企业的微观数据，考察了生产率对企业出口二元边际的重要影响。

克罗泽等（Crozet et al.，2012）考察了法国葡萄酒出口企业，根据权威葡萄酒指南将出口企业与其产品质量评价相匹配，并利用法国企业层面的出口数据，展示了如何利用给定目标市场上出口企业的产品质量、价格以及销量估计企业层面的核心参数，估计需求函数过程中使用蒙特卡罗（Monte Carlo）模拟纠正了使用普通最小二乘法时存在的估计偏差，实证结果发现，所生产的葡萄酒质量越高的企业，从深度边际角度出口额越多、出口价格越高，从广度边际角度出口到越多的目标市场。迈尔等（Mayer et al.，2014）和阿尔科拉基斯等（Arkolakis et al.，2015）通过建立一般均衡模型分析了需求和成本方面等企业异质性对企业出口决策和出口产品种类的影响。迈尔等（Mayer et al.，2014）以不同出口目的地的法国出口企业为样本进行了实证检验，结果表明细分的企业异质性对法国出口企业出口绩效的深度边际和广度边际都有重要的影响。阿尔科拉基斯等（Arkolakis et al.，2015）利用巴西出口企业贸易数据也进行了验证。欧和李（Aw and Lee，2017）基于不变替代弹性系数（CES）效用函数和一般均衡理论框架，同时引入需求方面和成本方面企业异质性（分别由需求指数和生产率来表示），并考虑了产品间替代弹性和提高产品异质性的成本弹性，分析了需求指数和生产率对企业出口绩效的多角度影响。利用中国台湾主要出口行业的企业数据进行了检验，实证结果发现：产品间替代性越小，相对于生产率，需求指数对企业出口参与和出口产品种数影响更大；提高产品异质性的成本弹性越小，相对于生产率，需求指数对企业出口参与和出口产品种数影响更大。施炳展（2014）测算了中国企业层面出口产品质量，考察了企业产品质量与企业出口绩效的关系，从企业进入国际市场即开始出口到在国际市场实现持续出口再到出口广度的扩展，发现产品质量与出口持续时间和出口广度均成正比，并得出提升产品质量应成为本土企业出口的更高追求。其中出口广度的衡量指标选择了贸易关系（国家—产品）数目、产品种类数目、贸易对象数目以及市场集中度。陈雯和孙照吉（2016）、沈鸿等（2017）、白东北等（2019）以及张鹏杨等（2019）都是从企业层面出口二元边际角度分析影响企业出口的重要因素。

2.4　简要评述

以梅利兹（2003）模型及梅利兹和奥塔维亚诺（Melitz and Ottaviano，2008）模型为主流模型，异质性企业贸易理论得到了多个方向的拓展，一个共同的重要方向就是引入更多维度的企业异质性，也正是由于将企业异质性进行细分，使得有关企业出口参与及出口绩效的研究有了更多发现。梅利兹（2003）模型及梅利兹和奥塔维亚诺（2008）模型都比较精炼且易于拓展，而梅利兹和奥塔维亚诺（2008）模型又克服了梅利兹（2003）模型不变弹性和只能通过劳动力市场进行竞争的限制，允许可变的替代弹性，并可以通过商品价格进行竞争，更加贴近国际贸易现实的同时，还具有很强的解析性。

随着微观数据可得性增强，利用企业层面生产和贸易数据对多维企业异质性的估计和分析也成为可能。而企业异质性的估计又存在其本身的问题，例如内生性和同时性等问题，因此，产生了多种不同的解决方法。或者通过寻找合适的替代变量或者通过使用先进的实证分析方法，学者们通过不断改进以求得到更加准确的估计。其中，所得微观数据本身的质量也影响着估计值的可靠性，对数据的筛选和清理也有着重要意义。这也意味着，即使是相同的样本对象，使用不同的估计方法或者不同粗糙程度的数据所得结果相差较大。

有关企业出口表现影响因素的研究，产品异质性和生产率作为重要因素不容忽视，但同时考察这两个因素并且对比两者相对重要性的研究为数不多。有关企业出口二元边际的界定，已有文献对深度边际的界定比较一致，而广度边际并没有统一的界定。尽可能全面地考察企业出口二元边际及其影响因素也是企业出口表现相关研究的重要问题。值得注意的是，产品异质性等影响因素估计方法的不断改进，不但可以得到更为准确的估计，还可以促进相关研究进一步发展，得到更多有意义的研究结论和政策建议。

第3章 产品异质性和生产率对企业出口绩效影响的理论分析

本书建立了一个出口企业模型，同时引入产品异质性和生产率异质性。首先从出口目的地消费者的效用和选择出发，引入影响需求分布的产品异质性；然后考虑异质性生产率下企业的边际成本；最后分析企业的出口条件和出口利润。

3.1 产品异质性和需求指数

产品异质性是指同类产品之间存在的差异，例如质量、功能、外观设计以及品牌等。在解释国际产业内贸易现象的相关理论中，产品异质性可以被分成两种类型，即垂直差异和水平差异。垂直差异主要指在质量方面的差异，水平差异主要指外观设计、规格等方面的差异。本书的产品异质性包含了垂直差异和水平差异。在解释企业出口绩效时，产品异质性发挥了重要作用。通常，企业出口绩效的绝对量可以由企业出口额来衡量，企业出口绩效的相对量可以由企业在出口目的地的市场份额来衡量。与同类产品价格相同的情况下，产品质量越好、功能越强、外观设计独特性越强或者品牌知名度越高，出口销量也就越大，出口额和出口市场份额也就越大。然而，产品质量越好、功能越强、外观设计独特性越强或者品牌知名度越高，往往意味着需要更好的原材料、更多的研发投入或者更多的广告投入，产品价格也随之提高，产品特性加强伴随的价格提高对企业出口市场绩效的影响比较复杂。

基于拟线性二次效用函数构建需求指数，通过对拟线性模型假设的放松引入产品异质性，考察引入产品异质性后拟线性效用函数主要特征的变化，分析将产品异质性引入拟线性模型的理论优势。

3.1.1 基于拟线性二次效用函数构建需求指数

本书把出口目的地所有批发商、零售商、贸易企业和个人都看作是消费者。其实，无论是批发商、零售商还是贸易企业，其对别国产品的需求主要取决于当地家庭和个人的需求，所以上述有关消费者的界定是合理的。为了与来自消费者等企业外部因素导致的偏好和需求异质性相区别，本书假设所有消费者具有一致的偏好强度分布，也就是说，所有消费者对同一企业生产的产品有相同的偏好，代表性消费者对不同企业生产的产品由于产品特性的差异存在不同的偏好，假设代表性消费者面临的效用函数是考虑了产品异质性的拟线性二次函数，出口目的地市场上有一种基准产品和一系列差别化产品，差别化产品种类 $v \in [0, 1]$，则代表性消费者的效用函数表示为：

$$U = \int_0^1 \alpha(v) q(v) dv - \frac{\beta - \delta}{2} \int_0^1 [q(v)]^2 dv - \frac{\delta}{2} \left[\int_0^1 q(v) dv \right]^2 + q^0$$

$$(3.1)$$

其中，$q(v)$ 为代表性消费者对第 v 种产品的消费数量，q^0 为对基准产品的消费数量。$\beta > \delta > 0$ 表示消费者对产品多样化的偏好，$\beta - \delta$ 反映需求弹性，其他条件不变的情况下，$\beta - \delta$ 越大，替代弹性越小。

$\alpha(v)$ 是需求指数，表示产品异质性，涵盖了由产品质量、功能、外观设计以及知名度等产品特性的异质性。以往研究中 α 通常以常数形式出现，表示产品同质性，不同企业生产的产品在产品质量、功能、外观以及知名度等产品特性方面没有任何差别，或者即使不同企业生产的产品在产品质量、功能、外观以及知名度等产品特性方面存在差异，这些商品特性也不影响消费者的效用水平，消费者效用水平的大小只取决于消费数量的多少。在这种情况下，尽管存在产品多样化偏好，消费者并不会因为消费了某种质量更好、功能更强、外观更新颖或者知名度更高的产品而得到更大的效用。本书引入产品异质性后，α 不再是常数，而是作为第 v 种产品的函数，在给定价格下，第 v 种产品质量越好、功能越强、外观设计越新颖或者知名度越高，生产第 v 种产品的企业面临的需求指数 $\alpha(v)$ 就越高，消费者消费一单位该种产品所得到的效用就越大；反之，第 v 种产品质量越次、功能越弱、外观设计越老旧或者知名度越低，生产该种产品的企业面临的需求指数 $\alpha(v)$ 就越低，消费者消费一单位该种产品所得到的效用就越小。即使代表性消费者消费的两种产品（分别由两个企业生产）数量相同，由于这两种产品质量、功能、外观或者知名度等产品特性存在差异，代表性消费者所得效用也不相同。企业和企业面临的需求指数是一一对应的。

我们对偏好的界定有意不区分同一企业生产的品种相对于其他企业生产的品种。我们没有理由强制一家企业生产的品种比不同企业生产的品种更接近替代品，反之亦然。当然，一些企业跨部门经营，在这种情况下，不同部门生产的品种将比同一部门内其他企业生产的品种更加不同。在我们的实证研究中，我们通过将我们的分析限制在一个部门分类内的企业生产的品种范围内，来消除那些跨部门、企业内部的品种。

拟线性二次效用函数由奥塔维亚诺等（Ottaviano et al.，2002）建立，并由梅利兹和奥塔维亚诺（Melitz and Ottaviano，2008）以及迈尔（Mayer，2014）等进一步拓展，逐渐成为除不变替代弹性系数（CES）效用函数之外另一异质性理论的主流模型。安虎森（2009）也对拟线性二次效用函数进行了详细的介绍和分析。迈尔等（Mayer et al.，2014）建立了一个多产品企业的理论模型，强调了跨市场目的地的竞争如何影响企业的出口产品范围和产品组合，展示了出口市场中更激烈的竞争是如何促使一家企业将其出口销售转向其表现最好的产品的，发现法国出口商在出口市场目的地的这种竞争效应得到了强有力的证实。从理论上讲，这种由贸易环境驱动的企业内部产品组合的变化对企业生产率有着重要的影响。从理论上讲，迈尔等（2014）展示了出口市场中更为激烈的竞争对出口产品组合的这种影响是如何与出口到该市场的一组产品的生产率的提高相关联的。企业层面的措施对于给定的出口目的地，仅计算出口到给定目的地的单位以及用于生产这些单位的相关劳动力，每个工人的出口产量以及每个工人的缩减销售额随着竞争的加剧而增加目的地。这种竞争对企业生产率的影响甚至在固定出口产品组合的情况下依然存在，从而消除了大规模产品贸易差额的任何潜在影响。然后，企业层面的生产率增长完全由企业产品组合的反应驱动：生产相对更多的性能更好的产品会提高企业的生产率。

值得注意的是，引入产品异质性后，并没有改变拟线性二次效用函数的主要特征。接下来，我们对此进行验证。

3.1.2　引入产品异质性的拟线性二次效用函数特征

（1）效用函数仍然是凹函数。

奥塔维亚诺等（Ottaviano et al.，2002）以及安虎森（2009）通过一系列的限定条件和假设，得到拟线性二次效用函数是凹函数，其表示的效用是凸效用。这意味着，在保持其他产品消费数量不变的条件下，连续消费某种产品时，随着所消费的该种产品的数量增加，消费者的效用水平虽然相应增加，但该种产品的边际效用有递减的趋势，也就是说，任一种产品的边际效用为正且满足边际效用递减规律。为了验证引入产品异质性的拟线性二次效用函数仍然具有这一特征，将式（3.1）对 q(v) 求导，得到边际效用：

$$\frac{dU}{dq} = \int_0^1 \alpha(v) dv - \beta \int_0^1 q(v) dv \tag{3.2}$$

遵循奥塔维亚诺等（Ottaviano et al.，2002）以及安虎森（2009）的做法，设定 $\frac{dU}{dq} > 0$，$\beta > 0$；继续求二阶导数，得到：

$$\frac{d^2U}{d^2q} = -\beta < 0 \tag{3.3}$$

效用函数的二阶导数小于零，所以引入产品异质性的拟线性二次效用函数仍然是凹函数，其表示的效用仍然是凸效用。

（2）$\beta > \delta$ 反映消费者对产品多样化的偏好。

假设消费者对除基准产品外所有差别化产品的消费总量为 Q，差别化产品种类 $v \in [0, 1]$，那么消费者把消费总量 Q 配置在 [0, 1] 上比配置在 $[0, x](x < 1)$ 上得到的效用水平更高，也就是消费者更喜欢多样化的产品组合。关于这一点可以验证如下：简化起见，假设消费者对每种差别化产品的消费数量都相同，则在 [0, x] 上消费时，对第 v 种产品的消费数量 q(v) = Q/x，并且令 α(v) 按照产品特性递增的顺序进行排列，即 α(v) 为增函数，此时的效用函数可以表示成 x 的函数：

$$U(x) = \int_0^x \left(\frac{Q}{x}\right) \alpha(v) dv - \frac{\beta - \delta}{2} \int_0^x \left(\frac{Q}{x}\right)^2 dv - \frac{\delta}{2} \left[\int_0^x \left(\frac{Q}{x}\right) dv\right]^2 + q^0 \tag{3.4}$$

考察 U 随 x 的变化情形，将 U 对 x 求导，得到：

$$\frac{dU}{dx} = \frac{Q}{x^2}\int_0^x \left[\alpha(x) - \alpha(v)\right]dv + \frac{Q}{2x^2}(\beta - \delta) \qquad (3.5)$$

因为 $\alpha(v)$ 为增函数，所以有 $\frac{Q}{x^2}\int_0^x\left[\alpha(x)-\alpha(v)\right]dv > 0$，从而，当 $\beta >$ δ 时，$dU/dx > 0$。由此可见，随着 x 的上升，当 $x = 1$ 时，效用水平达到最高。也就是说，消费总量一定的条件下，当 $\beta > \delta$ 时，为获得可能得到的最大效用，消费者将尽可能多地消费更多种类的产品。因此，$\beta > \delta$ 仍然反映消费者对产品多样化的偏好。

（3）需求弹性随着 $\beta - \delta$ 的增大而减小。

代表性消费者的预算约束为：

$$\int_0^1 p(v)q(v)dv + p^0 q^0 \leqslant W + \bar{q}^0 \qquad (3.6)$$

其中，$p(v)$ 表示第 v 种产品的价格，p^0 代表基准产品的价格，W 为工资。特别地，$\bar{q}^0$ 为消费者所拥有的以基准产品衡量的充足的禀赋，这意味着，消费者可以不受工资收入的限制进行消费，也可以将其消费差别化产品后的剩余收入用来储备基准产品，其实，这一假设的主要作用是为了通过基准产品的禀赋和消费来消化收入效应，使得问题得到合理的简化。

在式（3.6）的预算约束下最大化式（3.1）中的效用函数，得到需求函数：

$$q(v) = (b+d)\alpha(v) - (b+d)p(v) + dP - d\bar{\alpha} \qquad (3.7)$$

其中，$b = 1/\beta$，$d = \delta/\beta(\beta - \delta)$，$b + d = 1/\beta - \delta$，$\bar{\alpha} = \int_0^1 \alpha(v)dv$，$P = \int_0^1 p(v)dv$ 为价格水平。当式（3.7）中的 $p(v)$ 和 $q(v)$ 都取 log 形式时，$b + d$ 就是需求弹性 σ，需求弹性反映了目标市场的产品差别程度。$\beta - \delta$ 越小，σ 就越大，即需求弹性越大，目标市场的产品也就越趋同，某一种产品的替代品就越多；反之，$\beta - \delta$ 越大，σ 就越小，即需求弹性越小，目标市场的产品差别程度越高，某一种产品的替代品就越少。其中，价格水平 P 以累加项的形式出现在需求函数中，也就是说单个企业需要通过市场价格水平来确定自己的均衡价格。尽管，单个企业忽略了其对市场的影响，但是，市场作为一个整体对单个企业决策的影响并没有被忽视。

安虎森（2009）指出，在拟线性二次效用函数假设条件下，企业面临的需求函数是线性的，企业的最优定价考虑到了所有竞争者的定价策略，存在竞争效应，不同企业产品之间在一定程度上可以相互替代，这种替代使得企业之间存在一定的竞争，而这种竞争并不是直接的，每个企业自身的定价首先影响市场价格水平，然后市场价格水平影响再对单个企业的价格决策产生影响。另外，由于内生变量可以用外生变量的线性表示，拟线性模型具有较好的解析分析能力。而在以不变替代弹性系数（CES）效用函数为基础的理论框架内，企业定价策略中的非线性关系使得很多结论必须借助于数字模拟的方法才能得到。

3.2　边际成本和成本弹性

假设出口目的地的市场是垄断竞争的，每个企业只生产和出口一种差别化产品，生产产品 v 的企业的边际成本为：

$$c(v) = \omega^{-1}(v)\alpha^{\gamma}(v) \tag{3.8}$$

其中，$\omega(v)$ 表示企业的生产率，与边际成本呈负相关。$\gamma > 0$，反映需求指数 $\alpha(v)$ 的成本弹性。即如果企业所生产的产品面临的需求指数提高 1%，则企业生产该种产品的边际成本增加的百分比。本书关于边际成本和生产率关系的假设遵循鲍德韦和大久保（Baldwin and Okubo，2006）以及梅利兹（2003），以较高的生产率来表示较低的边际成本，并且把生产所需投入要素组合的单价简化为 1。关于需求指数的成本弹性为正，这一点并不难理解。克罗泽等（Crozet et al.，2012）指出，产品质量越高，生产中投入成本越大。霍特曼等（Hottman et al.，2016）和罗伯茨等（Roberts et al.，2018）证明了企业产品对消费者的吸引力和边际成本呈正相关。事实上，企业所生产的产品面临的需求指数越高，也就是该产品对消费者的吸引力越大，意味着该种产品的质量更高、功能更多或者口碑更佳，而高质量、多功能和更好的口碑必然需要一定成本的投入，比如使用更好的原材料、投入更多技术和品牌形象的包装等。欧和李（Aw and Lee，2017）对边际成本的假设与本书类似，边际成本与生产率呈倒数关系，并且加入了需求指数以及边际成本对需求指数的弹性。不同的是，欧和李（2017）把生产所需投入要素组合的单价设定为某个常数。

另外，基准产品的要素市场和产品市场都是完全竞争的。每生产一单位基准产品使用一单位劳动要素，贸易成本为零。这意味着，$p^0 = W = 1$。劳动力是唯一的生产要素，在竞争市场中是无弹性供给的。计价单位商品是在单位成本的规模收益不变的情况下生产的。进入差异化产品领域的成本很高，因为每家企业都会产生产品开发和生产启动成本，每个品种的后续生产都表现出持续的规模收益。虽然企业可能决定生产一个以上的品种，但每个企业都有一个与其核心竞争力相对应的关键品种。

3.3　出口利润和出口临界条件分析

在上述企业需求函数和成本函数设定的基础上，推导得到企业出口利润函数，通过利润最大化的一阶条件得到均衡解，包括企业均衡价格、均衡需求、市场均衡价格水平以及企业出口利润等。在出口利润为零的临街水平，分析表示产品异质性的需求指数、生产率、需求弹性和成本弹性之间的作用关系，从而得到本书的理论假说。

3.3.1　出口利润

生产和出口第 v 种产品的企业的利润函数表达式为：

$$\Pi(v) = Lq(v)\left[\frac{p(v)}{\tau} - c(v)\right] - f_x \qquad (3.9)$$

其中，L 为出口目的地的消费者规模，f_x 表示固定成本。$\tau > 1$，反映了冰山运输成本，为广义的运输成本，包括运输成本、关税等所有贸易成本。

将式（3.7）代入式（3.9），最大化利润函数，整理得到均衡价格：

$$p^*(v) = \frac{1}{2\sigma}\left[\sigma\alpha(v) + \tau\sigma c(v) + dP - d\bar{\alpha}\right] \qquad (3.10)$$

式（3.10）表明，产品的出口价格与需求指数、生产成本、运输成本和出口目的地的价格水平均成正比，与需求指数的平均水平成反比。企业面临的需求指数越高，也就是所生产和出口的产品特性越强，也就是产品的质量越好、功能越多或者知名度越高，所使用的原材料往往越好或者中间投入越多，成本也就越高，产品的出口价格也就越高。而当市场的需求指数的平均水平提高时，也就是说所有企业普遍提高自己产品特性，整个市场的产品的质量普遍提高或者功能普遍升级，此时，单个企业的产品优势变弱，产品的出口价格可能下降。由于边际成本 $c(v)$ 与生产率 $\omega(v)$ 呈倒数关系，所以生产率越高，生产成本就越低，产品价格也就越低，与已有的大量研究结论一致，生产率与产品价格呈倒数关系。

在基于不变替代弹性系数（CES）效用函数的异质性企业模型框架下，价格的表达式为 $p(v) = \dfrac{\sigma}{\sigma - 1} c(v)$，代入 $c(v)$ 得到用需求指数和生产率表示的价格 $p(v) = \dfrac{\sigma}{\sigma - 1} \omega^{-1}(v) \alpha^{\gamma}(v)$，这种情况下，每个企业的价格决策只与其自身的需求指数、生产率和替代弹性有关，企业之间是相互独立的，单个企业既忽略了其对其他企业的影响也没有考虑其他企业的行为对自身价格决策的影响，这显然是过于简化的理想化理论模型。因此，本书使用拟线性二次效用函数为基础进行理论分析，如式（3.7）、式（3.10）所示，企业所面临的需求是线性的，市场价格水平以累加项形式进入需求函数，这意味着单个企业在做价格决策时需要充分考虑市场价格水平的影响。尽管单个企业仍旧忽略其对其他企业的影响，但是其他企业行为对自身价格决策的影响通过市场价格水平的影响来实现。此时，单个企业的最优定价包含着对竞争对手行为的考虑，市场上企业之间的竞争效应得到体现，市场均衡是由价格相互作用的众多企业的纳什均衡得到，单个企业在市场中的行为不再是孤立的，是更贴近现实的理论模拟。

将式（3.10）乘以 2σ 再减去式（3.7），整理得到均衡需求与均衡价格的关系为：

$$q^*(v) = \sigma[p^*(v) - \tau c(v)] \tag{3.11}$$

价格水平 $P = \displaystyle\int_0^1 p(v) dv$，结合式（3.10），整理得到：

$$P = \frac{1}{2\sigma - d}[b\bar{\alpha} + \tau\sigma\bar{c}] \tag{3.12}$$

其中，$\bar{c} = \displaystyle\int_0^1 c(v) dv$，为市场上所有企业的平均边际成本。市场价格水平由市场上所有企业平均需求指数和平均边际成本决定，并且受需求弹性和运输成本等因素的影响。市场上所有企业平均需求指数和平均边际成本越高，市场价格水平越高。使用式（3.11）均衡需求与均衡价格的关系，可以简化企业出口临界水平的分析。

综上，利润最大化的企业的出口利润为：

$$\Pi^*(v) = Lq^*(v)\left[\frac{p^*(v)}{\tau} - c(v)\right] - f_x = \frac{L}{\tau}\sigma\left[p^*(v) - \tau c(v)\right]^2 - f_x$$

$$(3.13)$$

当 $\Pi^*(v) \geq 0$ 时，企业选择出口；当 $\Pi^*(v) < 0$ 时，企业放弃出口。关键变量之间的相互关系需要考察出口利润为零时的临界状态。

3.3.2 出口临界条件分析

当 $\Pi^*(v) = 0$ 时，可以得到企业需求指数 $\alpha(v)$ 和生产率 $\omega(v)$ 的临界值：

$$\omega^*(v) = \frac{\tau\alpha(v)^\gamma}{\alpha(v) + Q_0} \tag{3.14}$$

其中，$Q_0 = \dfrac{d}{2\sigma - d}\displaystyle\int_0^1\left[\omega(v)^{-1}\alpha(v)^\gamma - \alpha(v)\right]dv - 2\left(\dfrac{\tau f_x}{L\sigma}\right)^{\frac{1}{2}}$。此处，可以把 $\omega^*(v)$ 当作 $\alpha(v)$ 的函数，ω^* 对 α 求偏导，得到：

$$\frac{\partial\omega^*}{\partial\alpha} = \frac{\tau\alpha^{\gamma-1}}{(\alpha + Q_0)^2}\left[(\gamma - 1)\alpha + \gamma Q_0\right] \tag{3.15}$$

其中，$\gamma > 0$。当 $0 < \gamma \leq 1$ 时，只要 $\omega(v)$ 和 $\alpha(v)$ 不是太小[①]，有 $Q_0 < 0$，则 $\dfrac{\partial\omega^*}{\partial\alpha} < 0$。此时，需求指数 α 和生产率出口临界值 ω^* 存在替代关系，较高的需求指数 α 对应较低的生产率出口临界值 ω^*，较低的需求指数 α 则对应较高的生产率出口临界值 ω^*。也就是说，当需求指数的成本弹性比较小时，即企业投入较少成本就可以获得一定程度的产品质量提升或者功能改进或者品牌知名度提高时，企业为了保证非负利润以进行出口，会在需求指数和生产率两种企业异质性之间进行权衡，

---

① 大量实证经验表明，$\omega(v)$ 的均值大于1；欧和李（Aw and Lee，2017）、罗伯茨等（Roberts et al.，2018）及其他学者和本书实证部分的估计表明，$\alpha(v)$ 也都大于1或者接近于1。

或者选择较低的需求指数和较高的生产率的企业异质性组合，或者选择较高的需求指数和较低的生产率的企业异质性组合。这是因为，高需求指数和高生产率都可以增加企业收益。其中，高需求指数通过增加产品特性来提高收益；而高生产率通过降低边际成本来提高收益。而对于大多数企业来说，生产和出口高质量低成本产品是很难在短时间内实现的，因此企业会选择最能发挥自身比较优势的企业异质性组合。同时，高需求指数也一定程度地增加了生产成本，但只要高需求指数带来的收益增加大于造成的成本增加，企业就有动力选择较高的需求指数。

当 $\gamma > 1$ 时，$\frac{\partial \omega^*}{\partial \alpha}$ 可能为负，也可能为正。这是因为，当需求指数的成本弹性较大时，提升产品特性所带来的收益很难抵销所造成的成本增加，企业可能只通过提高生产率来增加收益，或者同时提高需求指数和生产率，加强产品特性的同时不断降低生产成本，从而抵销需求指数过高带来的成本增加。由于本书实证部分估计所得 γ 均小于 1，另外，欧和李（2017）对中国台湾制造业十个大类的数据分析也得到相似结果，所以本书只讨论当 $\gamma \leq 1$ 时的情况。

　　关于企业出口决策中在需求指数和生产率之间的权衡，其实是企业选择投入更好的原材料或者更先进的技术以生产更具吸引力的产品，还是选择提高生产率以生产成本更低的产品。尽管，从长期来看，企业为扩大出口既需要提高生产率以降低成本也需要不断研发出更具吸引力的产品，但从短期角度，不是所有企业都有能力做到这两点，对大多数企业来说，往往需要在这两点之间进行权衡，而到底选择或偏重这两点中的哪一点，就需要确定产品异质性和生产率在企业出口中的相对重要性。

　　与欧和李（2017）在不变替代弹性系数（CES）效用函数假设条件下引入需求和成本两方面企业异质性不同，本书是在拟线性二次效用函数假设条件下引入这两个方面企业异质性。某种程度上，本书放松了欧和李（2017）理论模型的假设条件，每个企业的价格决策不再相互独立，市场作为一个整体对单个企业决策的影响得到考虑，然而，仍然得到与欧和李（2017）相似的结论，这足以证明多维企业异质性对企业出口影响的稳健性。

　　图 3 - 1 刻画了需求指数和生产率呈负相关的出口零利润水平曲线。横坐标表示需求指数 α，纵坐标表示生产率 ω。图中的实线部分表示，

其他条件不变的情况下，具备该曲线上方的异质性组合（α，ω）的企业出口利润大于零，会选择出口；若企业的异质性组合（α，ω）在该曲线下方，出口利润为负，企业会放弃出口。同时，分析式（3.14）的常数部分可以得出：出口零利润水平曲线的位置由企业的出口目的地市场规模 L、固定成本 f_x、运输成本 τ 等诸多因素决定。例如，国外市场规模越大、固定成本和运输成本越低，企业就越容易出口，这就意味着对企业异质性组合（α，ω）的要求越低，即零利润水平曲线位置越靠近左下方；反之，国外市场规模越小、固定成本和运输成本越高，企业就越难出口，因此只有产品更具吸引力并且拥有更高生产率的企业（即具备更高水平的异质性组合（α，ω）的企业）才能保证出口利润非负，此时，零利润水平曲线更靠近右上方。如图 3-1 中的虚线所示。

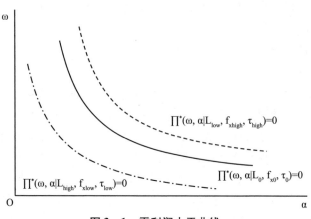

图 3-1　零利润水平曲线

实际上，产品异质性和生产率对企业出口绩效的影响并不是孤立的，需要结合出口目的地的市场规模以及贸易成本等因素综合分析。出口目的地的市场规模，影响企业是否进入该市场以及出口规模大小等出口决策。出口目的地市场规模越大，企业出口盈利的可能性越大。贸易成本包括运输成本、关税和非关税壁垒等政策成本以及汇率成本等。贸易成本越高，企业出口盈利的可能性越小。出口目的地的人均收入水平、地理位置、关税等贸易政策甚至文化习俗等，企业的贸易方式、登记注册类型等，影响着出口目的地的市场规模和贸易成本。产品特性加强伴随的价格提高和提高生产率降低生产成本对企业出口利润的影响与这些因素有着密切的联系。

从出口目的地角度，如果出口目的地人均收入水平较高、个性化需求较多、关税等贸易政策比较友好、市场运行机制比较完善，企业加强产品特性所引起的价格升高并不会导致出口销量的大幅减少，高质量、强大功能、个性化外观等产品特性更能迎合市场需求，从而扩大出口利润。这种情况下，企业通过提高生产率降低生产成本制定低廉的价格，已经不能形成竞争优势，甚至不能满足追求高质量消费体验的市场需求。如果出口目的地人均收入水平较低、消费者偏好比较趋同、实行较高的从价税，或者运输成本与产品价格成一定比例，企业加强产品特性所引起的价格升高会导致出口销量和出口额的大幅减少，企业无法保证其出口利润甚至最终被迫退出海外市场。此时，高生产率低成本形成明显的价格优势，尤其在关税和运输成本按照价格的一定比例计算的情况下，贸易成本大幅降低，企业出口利润大幅增加。另外，部分海外市场对进口产品质量、规格甚至商标等都有严格的进入壁垒，进入并扩大在这些海外市场的出口，加强产品特性成为企业的首要选择。上述有关出口目的地的众多因素，其中很多因素的衡量缺乏统一标准，这些因素之间也存在复杂的相关性，因此尽可能全面地纳入更多因素是不现实的。为解决这一问题，本书的实证部分对中国企业主要出口目的地进行了分组，通过对比不同分组的结果，验证以上理论推测。

出口目的地的市场规模、人均收入水平、关税等贸易政策、与出口国的相对地理位置甚至文化习俗等都影响着企业在该出口目的地的出口规模、利润率以及所面临的需求弹性。对于人均收入水平较高、消费者对个性化要求较高的海外市场，往往需求弹性较小，产品质量、功能、外观以及知名度等产品特性加强带来的价格升高并不会导致销量的大幅度减少，甚至可以吸引到更多消费者，从而实现企业出口额和出口市场份额的增加。相反，如果企业面临的海外市场人均收入水平较低、消费者偏好较为同质化，需求弹性也就较大，尽管产品特性得到加强，价格提升仍然会导致销量减少，即使可以吸引到新消费者也很难补偿原有消费者丢失造成的出口额和出口市场份额的减少。对于那些关税和运输成本较高的海外市场，特别是实行从价税制度、运输成本与价格成比例的情况下，价格升高造成的出口销量减少会更加明显。因此，产品异质性与出口目的地诸多因素通过共同作用对企业出口额和出口市场份额产生影响，产品异质性在不同出口目的地对企业出口绩效影响结果存在差异。

异质性企业贸易理论的核心观点之一就是与生产率异质性有关的选择效应：生产率越高的企业越容易出口，生产率较低的企业只能被局限在国内市场，生产率最低的企业退出市场。与产品异质性类似，生产率对企业在出口目的地出口额和出口市场份额的影响并不是孤立的，与出口目的地本身诸多特点共同作用于企业出口绩效。对于人均收入水平较低、偏好比较单一的出口目的地，具有较高生产率的企业可以通过制定比竞争对手更低廉的价格增加出口销量，并且由于较低的成本可以保证企业较高的出口额和出口市场份额。对于人均收入水平较高、偏好多样化的出口目的地，低成本的优势被削弱，只是价格低廉并不能得到消费者的青睐，甚至完全不能满足追求高质量消费体验的消费群体。对于关税和运输成本较高的出口目的地，尤其按照价格一定比例计算关税和运输成本的目标市场，高生产率低成本带来的价格优势将被扩大，生产率对企业在出口目的地出口额和出口市场份额的影响也就增加。那些对进口产品质量、规格甚至商标等有严格要求的海外市场，低成本的优势不仅被削弱，甚至无法进入该市场。因此，生产率与出口目的地经济、地理、人文以及与出口国外交关系等一系列因素共同影响着企业在目标市场出口额和出口市场份额的大小。

从企业贸易方式、登记注册类型角度，贸易方式影响着企业与海外市场的接触程度、收益风险等，不同登记注册类型的企业在税收和准入等方面存在差异。如果企业需要独立地开拓海外市场，产品具有一定特点才能使消费者放弃以往的消费选择，然后通过不断加强产品特性建立较为稳定的消费群体，这种情况下，产品特性就显得尤为重要。而如果是有稳定销路或者主要进行加工贸易的企业，通过投入较好的原材料、大量的研发等来提升产品特性是没有必要的，产品异质性的作用减弱，生产率的作用明显加强。

在此基础上，结合需求弹性和成本弹性进一步分析企业的需求指数和生产率在出口决策中的相对重要性。将 $\dfrac{\partial \omega^{*}}{\partial \alpha}$ 对 σ 求偏导，得到：

$$\frac{\partial^{2} \omega^{*}}{\partial \alpha \partial \sigma} = \frac{\tau \alpha^{\gamma-1} C_{0}}{(\alpha + Q_{0})^{4}} \left[\gamma (\alpha + Q_{0})^{2} - 2(\alpha + Q_{0})[(\gamma-1)\alpha + \gamma Q_{0}] \right]$$

$$(3.16)$$

其中，$C_0 = \dfrac{\partial Q_0}{\partial \sigma} = \dfrac{1}{\sigma}\left(\dfrac{\tau f_x}{L\sigma}\right)^{\frac{1}{2}} - \dfrac{2d}{(2\sigma - d)^2}\int_0^1 \left[\omega(v)^{-1}\alpha(v)^\gamma - \alpha(v)\right]dv$。

结合式（3.14）和式（3.15），有 $\int_0^1 \left[\omega(v)^{-1}\alpha(v)^\gamma - \alpha(v)\right]dv < 0$，则

$C_0 > 0$，且 $(\gamma - 1)\alpha + \gamma Q_0 < 0$、$\alpha + Q_0 > 0$，所以 $\dfrac{\partial^2 \omega^*}{\partial\alpha\partial\sigma} > 0$。这表明，需求弹性 σ 越小，需求指数 α 和对应的生产率出口临界值 ω^* 之间的负相关程度越强。零利润条件下意味着，需求指数提高相同的幅度，在需求弹性越小的市场可以支持生产率出口临界值降低越大的幅度。也就是说，需求弹性越小，需求指数在企业出口决策中发挥的作用越大。满足非负利润的出口条件下，需求弹性越小，即企业所生产产品的替代品越少，市场产品差别化程度越高，相对于提高生产率，提高需求指数发挥的作用更大，此时，加强产品特性比提高生产率降低成本给企业带来的利润增加更多。

图 3-2 刻画了零利润水平曲线在不同需求弹性下的情形，横坐标表示需求指数 α，纵坐标表示生产率 ω。实线和虚线分别表示需求弹性较小和需求弹性较大的市场条件下的零利润水平曲线。从图中可以看出，表示需求弹性较大的市场条件下的零利润水平曲线较为平缓，表示需求弹性较小的市场条件下的零利润水平曲线较为陡峭。即相同横坐标对应的实线切线斜率的绝对值明显大于对应的虚线切线斜率的绝对值。

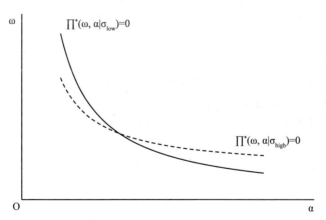

图 3-2　不同需求弹性下需求指数与生产率之间的权衡

如果需求弹性增大，零利润水平曲线变得更加平缓，相同横坐标对应的曲线切线斜率绝对值减小，需求指数对生产率的替代率减小，需求指数提高相同的幅度，所支持的生产率出口临界值降低幅度变小。也就是说，随着需求弹性增加，需求指数相对于生产率的重要性在减小。反之，随着需求弹性减小，需求指数相对于生产率的重要性在增加。

$\dfrac{\partial \omega^*}{\partial \alpha}$ 对 γ 求偏导，得到：

$$\frac{\partial^2 \omega^*}{\partial \alpha \partial \gamma} = \frac{\tau \alpha^{\gamma-1}}{(\alpha + Q_0)^3} \big[\big[\alpha + Q_0 + \gamma C_1 + \ln\alpha \big[(\gamma - 1)\alpha$$
$$+ \gamma Q_0 \big] \big] (\alpha + Q_0) - 2C_1 \big[(\gamma - 1)\alpha + \gamma Q_0 \big] \big] \quad (3.17)$$

其中 $C_1 = \dfrac{\partial Q_0}{\partial \gamma} = \dfrac{d}{2\sigma - d} \int_0^1 \omega(v)^{-1} \alpha(v)^{\gamma} \ln\alpha(v) \mathrm{d}v > 0$，结合上文的

分析，可得 $\dfrac{\partial^2 \omega^*}{\partial \alpha \partial \gamma} > 0$。这表明，成本弹性 γ 越小，需求指数 α 对生产率 ω^* 的替代作用越强。零利润条件下意味着，如果成本弹性越小，需求指数提高相同的幅度，可以支持生产率出口临界值降低越大的幅度。也就是说，提升产品特性所引起的边际成本增加越少，相对于生产率，产品异质性在企业出口决策中发挥的作用越大。满足非负利润的出口条件下，加强产品特性所引起的边际成本增加越少，通过加强产品特性来增加出口利润的效果越明显。

图 3 - 3 刻画了零利润水平曲线在不同成本弹性下的情形，横坐标表示需求指数 α，纵坐标表示生产率 ω。实线和虚线分别表示成本弹性较小和成本弹性较大的条件下的零利润水平曲线。表示成本弹性较大的零利润水平曲线较为平缓，表示成本弹性较小的零利润水平曲线较为陡峭。与图 3 - 2 的分析类似，如果成本弹性增大，零利润水平曲线变得更加平缓，相同横坐标对应的曲线切线斜率绝对值减小，需求指数对生产率的替代率减小，需求指数提高相同的幅度，所支持的生产率出口临界值降低幅度变小。也就是说，随着成本弹性增加，需求指数相对于生产率的重要性在减小。反之，随着成本弹性减小，需求指数相对于生产率的重要性在增加。

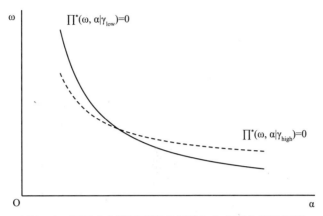

图 3 – 3　不同成本弹性下需求指数与生产率之间的权衡

综合以上分析，需求指数表示的产品异质性和生产率在企业出口决策中都发挥了重要作用，而这两者的相对重要性与需求弹性和成本弹性有关。尽管需求弹性和成本弹性的作用效果类似，但作用机制并不相同。之所以需求弹性越小产品异质性的相对重要性越强，这是因为，当市场上产品差别程度较大（需求弹性较小）时，消费者的偏好和选择也更加多样化，与低成本但毫无特色的产品相比而言，质量更优、功能更齐全或者口碑更好的产品更容易从众多产品中脱颖而出。同时，由于替代品较少，具有一定吸引力的产品能够拥有更加稳定的消费群体。相反，如果市场上产品较为趋同，消费者的偏好和选择比较单一，替代品也较多，此时，提高生产率降低成本才能够比较有效地扩大出口利润，也能够较好地运用价格优势吸引更多的消费者。而之所以成本弹性越小产品异质性的相对重要性越强，这是因为，当成本弹性较小时，也就是提高产品质量、升级产品功能或者提升产品知名度所引起的边际成本增加较少时，只需要投入较少的成本就能够实现产品升级或者扩大品牌知名度，尽管价格有所上涨，也能够保持原有消费群体甚至扩大消费群体，此时，企业的收益增加足以抵销成本上升，从而实现出口利润的扩大。反过来，当加强产品特性所引起的边际成本增加较多时，收益的增加很难抵销成本的上升，加强产品特性扩大出口利润的效果也就大打折扣，此时，提高生产率降低成本才是扩大出口利润的有效途径。

3.4 理论分析结论

本章基于拟线性二次效用函数，同时引入产品异质性和生产率异质性，建立了一个出口企业模型。通过分析出口利润为零时的临界条件，获得产品异质性、生产率和企业出口利润之间的关系，在进一步的分析中，发现需求弹性和成本弹性与产品异质性和生产率存在影响企业出口利润的交互作用。

在拟线性二次效用函数假设条件下，与基于不变替代弹性系数（CES）效用函数的理论假设不同，企业所面临的需求函数是线性的，市场价格水平以累加项形式进入需求函数，市场上所有企业的决策行为通过市场价格水平间接地影响单个企业的定价策略，单个企业的最优定价包含着对竞争对手行为的考虑，市场上企业之间的竞争效应得到体现，市场均衡是由价格相互作用的众多企业的纳什均衡得到，单个企业在市场中的行为不再是孤立的，是更贴近现实的理论模拟。

产品异质性涵盖了差异化的产品质量、功能、外观设计以及知名度等诸多产品特性。本书将拟线性异质性企业理论框架中以往表示产品同质性的常数修改成产品种类的函数，以此构建需求指数来表示产品异质性。需求指数的高低反映了产品特性的强弱：产品特性越强，需求指数越高；产品特性越弱，需求指数越低。引入产品异质性后，并没有改变拟线性二次效用函数的主要特征：效用函数是凹函数、$\beta > \delta$ 反映消费者对产品多样化的偏好、需求弹性随着 $\beta - \delta$ 的增大而减小。通过在预算约束下最大化效用函数，得到需求函数，进而得到需求弹性。

根据已有研究和客观事实，产品特性与边际成本成正比，因此在边际成本的表达式中引入了表示产品异质性的需求指数。产品特性越强，即需求指数越高，意味着该种产品的质量更高、功能更多或者口碑更佳，而高质量、多功能和更好的口碑必然需要一定成本的投入，比如使用更好的原材料、投入更多技术和品牌形象的包装等，因此边际成本越大。并且定义了成本弹性，即需求指数变化所引起的边际成本变化的程度，成本弹性为正。同时，边际成本与生产率负相关，与已有研究一致，以较高的生产率来表示较低的边际成本。

通过企业出口临界条件分析得到以下几条结论：

第一，产品异质性和生产率都对企业出口绩效发挥了重要作用，产品特性越强、生产率越高，企业出口利润越多。产品异质性和生产率对企业出口绩效的最终作用效果受出口目的地市场规模、企业进入的固定成本以及运输成本等因素影响。

第二，在零出口利润水平，产品特性和生产率存在权衡：当产品特性较弱时，企业可以通过提高生产率实现非负利润，当生产率较小时，企业可以通过提高产品质量、升级产品功能或者提高产品知名度等实现非负利润。

第三，满足非负利润的出口条件下，需求弹性越小，即企业所生产产品的替代品越少，相对于提高生产率，提高需求指数发挥的作用更大，此时，加强产品特性比提高生产率降低成本给企业带来的利润增加越多，反之，需求弹性越大，生产率相对产品异质性对企业出口的影响更大。

第四，满足非负利润的出口条件下，成本弹性越小，加强产品特性所引起的边际成本增加越少，相对于提高生产率，通过加强产品特性来增加出口利润的效果越明显，反之，成本弹性越大，生产率相对于产品异质性对企业出口的影响更大，此时，企业提高生产率更有利于扩大出口。

第 4 章 数据处理与统计分析

本书的研究不仅需要企业层面的生产和出口交易信息，还需要企业出口目的地的市场规模等信息，因此本书的数据主要来源于两个微观数据库和一个宏观数据库。本章首先介绍本书的数据来源，然后详述数据处理过程和样本选择过程，并对样本数据进行初步的统计分析，最后对样本分组标准进行说明。

4.1 微 观 数 据

由于数据本身质量等问题，本书借鉴施炳展（2014）、蒋灵多和陈勇兵（2015）、余淼杰和张睿（2017）、沈鸿等（2017）、蒋灵多等（2018）、张夏等（2020）以及罗伯茨等（Roberts et al.，2018）等国内外相关研究样本数据时间起点和时间跨度的选择，与这些研究类似，本书采用 2000 ~ 2006 年中国工业企业数据库企业层面年度数据和中国海关交易统计数据库 8 位 HS 编码产品层面月度数据进行匹配，得到本书样本数据的微观部分。这一层级的数据可以为本书提供企业出口二元边际较为细致的度量，还可以满足产品异质性估计过程中工具变量选择对行业细分的要求。尽管较低层级的数据可以获得的年度较近，但无法满足本书的研究目的，这也是产品异质性相关研究大都采用 2000 ~ 2006 年面板数据的主要原因之一。本书为控制年份等宏观因素对估计结果的影响，在关键变量的估计和企业出口二元边际分析中都加入了年份虚拟变量。另外，尽管二十多年来国际贸易发生了很多巨大的变化，通过与 2019 年上半年商务部贸易统计数据对比发现，中国制造业主要出口行业与主要出口目的地与本书样本选择较为一致。因此，根据国内外学者的经验，作为验证理论结论的实证检验数据，而非用于预测性实证分析，本书数据时间起点和时间跨度的选择基本合理。

4.1.1 数据来源

本书的估计采用了两套微观数据，一套企业层面的年度数据，一套 8 位 HS 编码产品层面的月度数据。企业层面的数据来自国家统计局对中国工业企业的年度调查，产品层面的数据来自海关总署编制的中国海关交易统计数据库。

第一套企业层面的数据涵盖中国所有国有企业以及总产值超过 500 万元的"规模以上"非国有企业。平均每年包括超过 20 万家企业，这些企业的总产值占中国工业总产值的 95% 左右、出口额占中国制造业出口总额的比例大约为 98%。涵盖将近 40 个两位数行业，其中 30 个行业属于制造业。遍布除我国港澳台地区外的 31 个省份。数据中包括来自企业资产负债表、利润表以及现金流量表中的 80 多个变量，提供了关于企业身份（名称、地址和所有权）、出口额、就业人数以及固定资产总额等方面的详细信息。

第二套产品层面的数据来自海关总署基于 8 位 HS 编码产品层面的月度交易数据。需要说明的是，这套数据 2000～2006 年数据质量较好，2007～2015 年数据出现微观贸易额加总值与统计年鉴宏观数据相差较大，2016～2017 年数据出现企业名称等主要变量缺失等一系列问题。因此，施炳展（2014）、蒋灵多和陈勇兵（2015）、余淼杰和张睿（2017）、沈鸿等（2017）、蒋灵多等（2018）、张夏等（2020）以及罗伯茨等（Roberts et al.，2018）大都采用了这一数据库 2000～2006 年的部分数据。借鉴国内外学者的经验，作为验证理论结论的实证检验，而非预测性实证分析，本书数据时间起点和时间跨度的选择基本合理。这套数据记录了从 2000 年 1 月到 2006 年 12 月通关企业进出口贸易数据，包括企业身份、产品的 8 位 HS 编码、进/出口额、进/出口数量、来源地（进口）、目的地（出口）、贸易类型和运输方式等。其中，进出口额均以离岸（FOB）美元价格进行报告，相应数量按照产品自然属性单位进行报告。每笔交易都被归入按海关税则分类的 18 种产品中的一种。借助这套数据，可以估算企业出口的需求指数等。

4.1.2　数据处理

首先，分别对这两套数据进行清理。

在清理中国工业企业数据的过程中，删除符合以下任何一项的观测值：（1）工业增加值、就业人数、固定资产合计、中间投入合计、固定资产原值、本年应付工资总额中存在负值或为缺省；（2）企业工业销售总额小于出口额；（3）企业就业人数小于且包含7。另外，删除与本书无关的变量，例如工会人数、不同学历水平人数等。

在清理海关交易数据过程中，将服务贸易的记录排除在外，并且，删除与本书无关的变量，例如中转国等。删除单纯进口企业和代理商。为了和第一套年度数据保持一致，对海关数据中的多个产品或多个出口目的地的企业按照不同产品或不同目的地的出口份额进行了加权处理，并且把月度数据加总成年度数据。

其次，为获得企业生产和贸易的完整信息，需要把上述中国工业企业数据和海关交易数据这两套数据进行匹配。由于多种原因，这两个数据集不完全相交。一是工业企业数据包括大量非贸易企业，没有出现在海关交易数据中。二是通过贸易代理出口的企业在工业企业数据中被报告为出口商，但在海关交易数据中以贸易代理的名义记录。三是工业企业数据仅包括制造业中较大的企业，而海关交易数据记录所有贸易交易，包括有通关贸易记录的小企业。表4－1总结了数据匹配的概况，其中匹配数据企业总数占工业库中企业总数的15.91%、占海关库中企业总数的30.75%。工业库和海关库的相交情况如图4－1所示。

表4－1　　　　　　　　　　　　　数据匹配

项目	工业库	海关库	匹配数据	匹配数据/工业库（%）	匹配数据/海关库（%）
企业个数	470944	243642	74914	15.91	30.75

资料来源：笔者根据中国工业企业数据库和中国海关交易统计数据库相关数据计算所得。

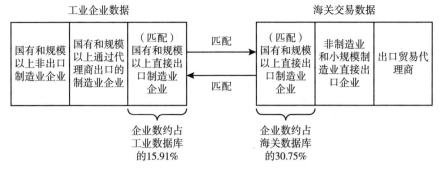

图 4 - 1　工业企业数据和海关交易数据的匹配

在两套数据的匹配过程中，由于中国工业企业数据和海关交易数据按照不同的编码系统对企业进行编码，所以企业代码不能够作为数据匹配的联结。本书的解决方法是利用企业名称、邮政编码和电话号码等这两套数据共有的企业身份变量进行匹配。第一种方法，按照企业名称的序贯识别法匹配数据。为了更好地匹配数据，对企业名称做了整齐化处理，删除企业名称中的附属字样，例如，"省""市""县"和"有限企业"等。第二种方法，按照企业邮编和电话号码的后 7 位进行匹配。因为邮编包含了企业所在地区信息，而电话号码有的包含了区号有的没有包含区号，部分地区的电话号码是 7 位，部分地区是 8 位，所以只选取电话号码的后 7 位与邮编相结合来确定企业身份。最后，把按这两种方法匹配的数据进行合并，最终得到 263247 条观测值。

表 4 - 2 提供了匹配数据在工业库的占比情况，包括匹配数据企业个数占工业库中企业总数的比例、匹配数据企业个数占工业库中出口企业数目的比例、匹配数据所有企业的工业总产值占工业库中所有企业工业总产值的比例以及匹配数据所有企业出口交货值占工业库所有企业出口交货值的比例。2000 ~ 2006 年，工业库有 10% ~ 15% 的企业和 50% 左右的出口企业出现在匹配数据中，匹配数据的工业总产值在工业库占比约 30%，出口交货值约 60%。

表 4 - 2　　　　　　　匹配数据在工业库占比　　　　　　单位：%

年份	企业个数占比	出口企业个数占比	工业总产值占比	出口交货值占比
2000	10.60	46.40	24.12	60.81
2001	12.34	51.77	27.11	64.59

49

续表

年份	企业个数占比	出口企业个数占比	工业总产值占比	出口交货值占比
2002	13.31	53.35	29.22	68.37
2003	14.05	54.15	30.12	66.70
2004	15.19	54.28	32.64	71.93
2005	15.85	56.98	33.23	70.14
2006	15.30	58.25	29.60	68.19

资料来源：笔者根据中国工业企业数据库和中国海关交易统计数据库相关数据计算所得。

表4-3提供了匹配数据在海关库的占比情况，包括匹配数据企业个数占海关库中企业数目的比例以及匹配数据所有企业出口额占海关库所有企业出口额的比例。2000~2006年，企业个数占比，最低为2000年的21.10%，最高为2004年的42.79%；出口额占比，最低为2000年的22.26%，最高为2004年的54.38%。

表4-3 匹配数据在海关库占比 单位：%

年份	企业个数占比	出口额占比
2000	21.10	22.26
2001	36.11	41.20
2002	36.21	43.74
2003	34.80	45.35
2004	42.79	54.38
2005	35.95	50.74
2006	34.30	49.97

资料来源：笔者根据中国海关交易统计数据库和中国工业企业数据库相关数据计算所得。

4.2 宏观数据

为了获得中国部分行业出口份额和企业出口目的地的市场规模信息，本书还采用了联合国商品贸易统计数据库（UN Commodity Trade

Statistics Database）的部分数据。联合国商品贸易统计数据库由联合国统计署创建，每年超过 200 个国家或地区提供其官方年度商品贸易数据，涵盖全球99%的商品交易，收集了超过 6000 种商品、约 17 亿条数据记录，最早可到 1962 年。各国家地区上报的数据均被转换成联合国统计署的统一标准格式，所有商品值按呈报国家的货币汇率或月度市场比率和交易额度转换成美元，商品数量如可能都被转换成公制单位。

本书把从该数据库获得的出口目的地的市场规模和细分产品进口额，按照出口目的地和4位HS编码产品类别，与前面介绍的由工业库和海关库匹配所得数据进一步进行匹配，由于联合国商品贸易统计数据库包含本书使用的微观数据库的所有出口目的地和4位HS编码产品类别，因此，这次匹配之后，仍然得到2000~2006年共263247条观测值。

4.3 行业选择

本书选择了制造业的部分行业的企业进行实证分析。所选行业除了包括服装、除服装外的纺织制品、化纤制品、鞋帽、家具、玩具、塑料橡胶制品和陶瓷玻璃等中国传统行业以外，还有机电音像设备、运输设备、光学医疗等仪器以及化学产品等行业，共 12 个制造业行业 100538 条观测值。表4-4提供了所选制造业行业的行业描述和所包含产品类别的 HS 编码。

表4-4 样本行业描述

行业	描述	HS 编码
服装	服装及其配件，针织或钩编；服装及其配件，非针织和非钩编	6101-6117；6201-6217
除服装外的纺织制品	填充物，毡和无纺布，特种纱线，细绳，绳索及其制品；地毯和其他纺织地板覆盖物；特殊梭织面料，簇绒纺织面料，蕾丝，挂毯，饰边，刺绣；纺织面料，浸染、涂层、覆盖或层压，适用于工业用途的纺织品；面料，针织或钩编；纺织品，制成品，套，碎布	5601-5609；5701-5705；5801-5811；5901-5911；6001-6006；6301-6310

续表

行业	描述	HS 编码
玩具	玩具，游戏和运动必需品及其零件和配件	9501 - 9508
鞋帽	鞋类，护腿及其部件；头饰及其部件	6401 - 6406；6501 - 6507
化纤制品	人造细丝；人造纺织材料的条带等；人造短纤维	5401 - 5408；5501 - 5516
塑料橡胶制品	塑料及其制品；橡胶及其制品	3901 - 3926；4001 - 4017
化学产品	无机化学制品，贵金属的有机和无机化合物，稀土金属，放射性元素和同位素；有机化学制品	2801 - 2853；2901 - 2942
陶瓷玻璃	陶瓷制品；玻璃制品	6901 - 6914；7001 - 7020
机电音像设备	电气机械设备，录音机，扬声器，电视图像及其零件和配件	8501 - 8548
家具	家具，床上用品，床垫，床垫支架，靠垫和类似的填充家具，灯具和照明配件，照明标志，发光的铭牌等，预制建筑物	9401 - 9406
光学医疗等仪器	光学，摄影，电影，测量，组织，医疗或手术器械和器具及其零件和配件	9001 - 9033
运输设备	铁路，电车轨道机车，车辆及其零件，铁路轨道装置及其零件，各种机械交通信号设备；除铁路或电车轨道车辆外的车辆及其零件和配件；飞机，航天器及其零件；船舶，船只和浮动结构	8601 - 8609；8701 - 8716；8801 - 8805；8901 - 8908

资料来源：笔者根据联合国商品贸易统计数据库相关数据整理所得。

  表 4 - 5 汇报了 2000 ~ 2006 年所选行业的年度出口额及其比重。2000 ~ 2006 年，这 12 个制造业行业的出口额在中国制造业出口总额中所占的比重，2003 年为 78.80%，2004 年为 69.52%，其他年度均在 80% 以上。其中，机电音像设备、服装和鞋帽为出口额最多的行业，并且，每个行业的出口额都有连年递增的趋势。

单位：百万美元

表4-5 所选行业年度出口额汇总

行业	2000年	2001年	2002年	2003年	2004年	2005年	2006年
服装	32289.52	32408.00	36566.18	45757.11	54783.43	131803.20	177241.49
除服装外的纺织制品	6657.05	7116.87	9102.07	12164.01	15355.80	20244.83	24383.73
玩具	9197.31	9081.95	11600.68	13279.36	15091.57	19123.74	22637.39
鞋帽	10466.85	10718.23	11837.55	13893.58	16382.23	20495.85	23563.73
化纤制品	4050.59	4283.04	4949.52	6538.61	8710.37	10277.64	12131.17
塑料橡胶制品	6388.40	6696.69	8036.06	9978.48	13105.64	17782.74	22224.40
化学产品	6793.59	7461.24	8596.59	10726.66	13932.68	19076.75	23168.41
陶瓷玻璃	3101.79	3097.59	4146.93	5321.26	7306.91	9500.04	11916.71
机电音像设备	46067.09	51299.48	65113.88	88957.09	129652.03	172313.77	227476.36
家具	7016.43	7559.21	9854.22	12895.13	17318.60	22361.43	27955.15
光学医疗等仪器	6313.99	6445.85	7362.08	10557.58	16218.18	25479.43	32610.36
运输设备	9267.56	9379.82	10547.69	15592.15	20998.69	28409.99	38427.62
所选行业出口总额	147610.17	155547.97	187713.45	245661.01	328856.12	496869.39	643736.53
中国制造业出口总额	165159.21	184978.25	229369.70	311738.43	473043.69	562815.90	736779.27
所选行业出口总额/制造业出口总额（%）	89.37	84.09	81.84	78.80	69.52	88.28	87.37

注：除百分比外，其他数值单位为百万美元。

资料来源：笔者根据联合国商品贸易统计数据库和国家统计局网站相关数据计算所得。

多产品企业的出口主导着世界贸易流动。这些贸易流量在目的地之间的差异部分反映了多产品企业决定在市场条件不同的目的地之间改变其出口产品的范围。在本书中，我们将分析这些出口市场条件对这些商品的相对出口销售的影响，我们称之为企业的产品组合选择。进一步地，我们将考察市场规模和地理位置（贸易伙伴的市场规模和双边经济距离）如何影响企业的出口产品范围及其在市场目的地的出口产品组合。市场规模和地理位置的不同会导致不同市场之间竞争的激烈程度不同。激烈的竞争降低了产品间的整体利润分配，促使企业将出口销售转向表现更好的产品。表4-6汇总了所选12个行业出口两种及以上产品和出口到两个及以上出口目的地的企业个数和比例。其中，化学产品行业出口多种产品企业的比例最高，为42.13%；服装行业出口多种产品企业的比例最低，为16.38%；玩具行业出口到多个目的地的企业比例最高，为58.34%；鞋帽行业出口到多个目的地的企业比例最低，为38.66%。

表4-6　　　　　　多产品企业和多出口目的地企业概况

行业	产品种类总数（个）	企业总数（个）	多产品企业数（个）	多产品企业比例（%）	多目标市场企业数（个）	多目标市场企业比例（%）
服装	293	6442	1055	16.38	2539	39.41
除服装外的纺织品	338	3866	1017	26.31	1693	43.79
玩具	57	1373	341	24.84	801	58.34
鞋帽	42	1301	241	18.52	503	38.66
化纤制品	227	2456	573	23.33	1086	44.22
塑料橡胶制品	150	5675	1716	30.24	2517	44.35
化学产品	751	2616	1102	42.13	1349	51.57
陶瓷玻璃	112	1554	320	20.59	736	47.36
机电音像设备	490	6706	2421	36.10	2954	44.05
家具	58	2353	741	31.49	995	42.29

行业	产品种类总数（个）	企业总数（个）	多产品企业数（个）	多产品企业比例（%）	多目标市场企业数（个）	多目标市场企业比例（%）
光学医疗等仪器	241	1555	563	36.21	709	45.59
运输设备	305	1472	519	35.26	670	45.52

资料来源：笔者根据中国工业企业数据库和联合国商品贸易统计数据库相关数据，并由 Stata 15.0 计算所得。

4.4　变量的相关关系

本书在实证分析之前，对经过前文处理的样本数据进行了关键变量的初步分析。企业的深度边际暂且以出口额代表，广度边际包括出口产品种数和出口目的地个数。本部分只是通过对变量关系的梳理获得比较直观的推测，下文实证分析章节将对企业出口二元边际的衡量指标进行完善并给出具体算法。

4.4.1　价格与企业出口的二元边际

表4-7报告了产品价格、企业出口额、出口产品种数以及出口目的地个数之间的相关关系。结果表明，价格与出口额、产品种数以及目的地个数均呈正比例关系，出口额、产品种数以及目的地个数并没有因为价格的升高而减少。尽管价格升高会引起需求的下降，但价格升高也意味着企业在生产过程中投入了更多成本，例如使用更好的原材料或者投入更多研发使产品得到更新换代或者下功夫提升品牌的形象等，因此价格升高也可以增加出口收益。

表4-7　　　　价格与企业出口二元边际的相关系数

项目	出口额	出口产品种数	目标市场个数
价格	0.210	0.059	0.011

资料来源：由 Stata 15.0 计算所得。

55

4.4.2　生产率与企业出口的二元边际

表4-8报告了企业劳动生产率与出口额、出口产品种数以及出口目的地个数之间的相关关系。其中，劳动生产率为取对数（log）形式的人均工业增加值，其他变量都取对数（log）形式。结果表明，企业生产率越高，出口额越大、出口产品种数和出口目的地个数越多。下文的实证章节将对全要素生产率使用更加科学的方法进行测算。

表4-8　　　　　　　　生产率与企业出口二元边际的相关系数

项目	出口额	出口产品种数	目标市场个数
生产率	0.135	0.016	0.033

资料来源：由 Stata 15.0 计算所得。

4.4.3　价格与生产率

图4-2反映了行业层面平均价格和平均生产率之间的正相关关系。其中价格取自然对数形式并且进行了标准化处理。一般来讲，生产率越

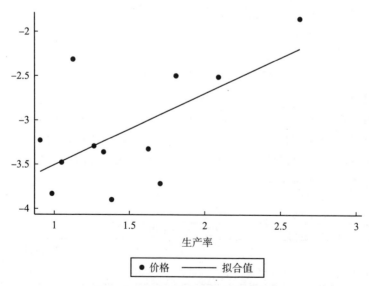

图4-2　行业平均价格与平均生产率

高，边际成本也就越小，价格也就越低。但是，企业如果在提高生产率的同时，投入更好的原材料、投入更多人力进行研发监管等，也就意味着投入了更多成本，价格相应升高也就不难理解。因此，如果忽略产品异质性对企业出口二元边际的影响，很有可能会高估生产率在其中的作用。

4.5　样本分组

通过对样本数据的进一步梳理，按照不同的标准将样本数据划分成不同的组别，为实证部分分组估计做好数据准备。样本分组主要从企业贸易方式、企业登记注册类型以及企业出口目的地等三个角度进行。按照企业贸易方式，分成一般贸易企业和加工贸易企业；按照企业登记注册类型，分成内资企业和港澳台商、外商投资企业；按照企业出口目的，分成美国/加拿大、欧盟、日本/韩国以及亚洲其他国家或地区等。

4.5.1　贸易方式

对照样本所包含的贸易方式类别，将样本按照贸易方式划分为一般贸易企业和加工贸易企业。一般贸易和加工贸易的具体划分见表 4 - 9。

表 4 - 9　　　　　　　　　　　　　贸易方式划分

贸易方式	内容
一般贸易	一般贸易
加工贸易	进料加工贸易，来料加工装配贸易，对外承包工程出口货物，外商投资企业作为投资进口的设备、物品，保税区仓储转口货物，保税仓库进出境货物，边境小额贸易，出口加工区进口设备，出料加工贸易，来料加工装配进口的设备，国家间、国际组织无偿援助和赠送的物资，其他

资料来源：笔者根据中国海关交易统计数据库相关数据整理所得。

按贸易方式分组后，不同组别企业个数及占比情况见表 4 - 10。样本数据有 57.45% 的企业属于一般贸易方式，其他属于加工贸易方式。

表 4－10　　　　　　　　　　　全样本按贸易方式分组

贸易方式	企业个数	企业个数占比（%）
一般贸易	20763	57.45
加工贸易	15380	42.55

资料来源：由 Stata 15.0 计算所得。

4.5.2　企业登记注册类型

根据 1998 年《关于划分企业登记注册类型的规定》，对照样本企业的登记注册类型，按照企业登记注册类型，将样本划分为内资企业和港澳台商、外商投资企业。不同组别具体包含的企业类型如表 4－11 所示。

表 4－11　　　　　　　　　　企业登记注册类型对照

内资企业	代码	港澳台商、外商投资企业	代码
国有企业	110	与港澳台商合资经营企业	210
集体企业	120	与港澳台商合作经营企业	220
股份合作企业	130	港澳台商独自经营企业	230
联营企业	140	港澳台商投资股份有限企业	240
国有联营企业	141	中外合资经营企业	310
集体联营企业	142	中外合作经营企业	320
国有与集体联营企业	143	外资企业	330
其他联营企业	149	外商投资股份有限企业	340
有限责任企业	150		
国有独资企业	151		
其他有限责任企业	159		
股份有限企业	160		
私营企业	170		
私营独资企业	171		
私营合伙企业	172		

内资企业	代码	港澳台商、外商投资企业	代码
私营有限责任企业	173		
私营股份有限企业	174		
个人独资企业	175		
其他内资企业	190		

资料来源：笔者根据 1998 年《关于划分企业登记注册类型的规定》并对照中国工业企业数据库整理所得。

分组后每组企业个数和占比情况如表 4 - 12 所示。其中，内资企业个数占样本企业总数的 45.19%。

表 4 - 12　　　　　　全样本按企业登记注册类型分组

企业登记注册类型	企业个数	企业个数占比（%）
内资企业	16332	45.19
港澳台商、外商投资企业	19811	54.81

资料来源：由 Stata 15.0 计算所得。

4.5.3　出口目的地

本书将中国产品主要出口目的地分为美国/加拿大、欧盟、日本/韩国以及亚洲其他国家或地区。表 4 - 13 总结了 2000 ~ 2006 年中国产品在主要出口目的地的出口情况。其中，美国是中国出口产品最大的单一国市场，中国产品在美国/加拿大的出口额占中国产品出口总额的比例都在 20% 以上。欧盟组别包括 2004 年 5 月 1 日前的所有欧盟成员，中国产品在欧盟的出口额占中国产品出口总额的比例都在 15% 以上。中国产品在日本/韩国的出口额占比有下降趋势，从 2000 年的 21.25% 下降到 2006 年的 14.05%。亚洲其他国家或地区组别包括除日本和韩国外的与中国有贸易往来的亚洲国家或地区，尽管这些亚洲国家或地区里的单一国市场较小，但由于地缘等方面特点，把这些国家或地区划为一组，对本书实证分析有重要意义。

表 4 - 13   中国产品出口目的地主要分布   金额单位：美元

出口目的地	年份	出口额	出口额占比（％）
美国/加拿大	2000	55314265579.00	22.20
	2001	57700657246.00	21.68
	2002	74353550246.00	22.84
	2003	98258480007.00	22.42
	2004	133310135120.00	22.47
	2005	174834133596.00	22.95
	2006	219317890349.00	22.63
欧盟	2000	39124676608.00	15.70
	2001	41976659968.00	15.77
	2002	49705750528.00	15.27
	2003	74419298304.00	16.98
	2004	102581125120.00	17.29
	2005	137422831616.00	18.04
	2006	169159524352.00	17.46
日本/韩国	2000	52946677984.00	21.25
	2001	57459301630.00	21.59
	2002	63968401024.00	19.65
	2003	79503462734.00	18.14
	2004	101320602381.00	17.08
	2005	119094053393.00	15.63
	2006	136144880189.00	14.05
亚洲其他国家或地区	2000	72018698240.00	28.90
	2001	76181118976.00	28.63
	2002	97176133632.00	29.85
	2003	128962256896.00	29.43
	2004	173937491968.00	29.32
	2005	220866478080.00	28.99
	2006	282826080256.00	29.19

资料来源：笔者根据联合国商品贸易统计数据库相关数据计算整理所得。

表4-14报告了四个主要出口目的地分组的企业占比情况。由于一部分企业出口目的地不唯一，所以不同组别企业有少数重合。

表4-14　　　　　　　　　　　全样本按出口目的地分组

出口目的地	企业个数	企业个数占比（％）
美国/加拿大	8864	24.52
欧盟	8775	24.28
日本/韩国	9446	26.14
亚洲其他国家或地区	13907	38.48

资料来源：由 Stata 15.0 计算所得。

4.6　本章小结

本章首先介绍了本书的数据来源和数据处理过程。其次，给出了行业选择的根据，并且列举了所选行业的基本信息。然后，对样本数据进一步挖掘，考察变量之间的相关关系。最后，详述了样本分组的三个标准。本章根据第3章理论模型的需要，为第5至第7章的实证分析做准备，并通过对样本数据的深度发掘和初步分析获得本书实证分析的灵感。

本书的数据主要来源于两套微观数据和一套宏观数据：中国工业企业数据库、中国海关交易统计数据库和联合国商品贸易统计数据库。未获得符合本书研究需要的数据样本，在对数据库分别清理之后，还需要进行匹配。其中，工业库与海关库由不同的部门收集且使用不同的企业编码标准，匹配过程中，分别按照企业名称的序贯识别法、企业邮编及电话号码后7位进行匹配，再将不同匹配方法所得匹配数据合并。最后把从联合国商品贸易统计数据库获得的中国企业主要出口目的地信息进行整理，并按照 HS 编码与微观企业数据进一步匹配。

通过对上述匹配数据的筛选，选择中国部分制造业行业的数据作为本书的样本数据，共12个行业：服装、除服装外的纺织制品、化纤制品、鞋帽、家具、玩具、塑料橡胶制品、陶瓷玻璃、机电音像设备、运输设备、光学医疗等仪器和化学产品等行业。这些行业包括了中国传统出口行业和部分新兴出口行业，并且这些行业的出口额占中国出口总额的80%左右，对中国出口行业有一定的代表性。

通过对样本数据关键变量之间相关关系的分析，得到：企业产品价格与企业出口额、出口产品种数以及出口目的地个数之间均呈正比例关系；企业劳动生产率与企业出口额、出口产品种数以及出口目的地个数之间均呈正比例关系；企业产品价格与企业劳动生产率呈正比例关系。这几组关系可以帮助本书做出两点推测：第一，生产率与企业出口绩效的度量指标成正比，所选行业并不存在"生产率悖论"现象；第二，除了生产率外，还有需求方面的企业异质性影响企业的出口绩效，而需求方面的企业异质性与价格成正比，包含了产品质量等信息。

关于样本的分组，本书根据客观事实和已有研究的启发，按照三种标准进行划分。第一，按照贸易方式分成一般贸易企业和加工贸易企业；第二，按照企业登记注册类型分为内资企业和外资企业；第三，按照出口目的地分为美国/加拿大、欧盟、日本/韩国以及亚洲其他国家或地区。本章对样本分组标准的介绍及对分组样本概况的统计，为实证分析章节的分组估计做好准备。

62

本书对数据的处理和分析借鉴了很多已有研究的经验和方法，根据本书研究需要，尽可能做到准确细致。但由于原始数据不够精细和工作量庞大等原因，难免有疏漏之处，样本数据的质量等还有提升的空间，未来可以不断探索。

第5章 关键变量的估计与分析

在考察产品异质性、生产率对企业出口二元边际的影响之前，首先对关键变量进行估计，包括：表示产品异质性的需求指数、全要素生产率、需求弹性、成本弹性。为了得到关键变量的稳健估计，每个变量的估计过程，或者使用两种以上估计方法，或者进行必要的检验。

5.1 需求指数和需求弹性

本书基于拟线性二次效应函数构建需求指数，企业面临的需求函数是线性的，企业的最优定价隐含着对竞争者定价策略的考虑，每种产品生产者的定价策略通过影响总价格水平间接地影响其他企业定价。通过需求函数还可以获得企业面临需求随产品价格变化的反应程度，即需求弹性。

5.1.1 计量模型

在消除了消费者个人偏好、行业特点以及经济环境等企业外部因素的情况下，企业所面临需求由产品价格与产品质量、功能、外观以及知名度等产品特性决定，以同行业其他企业平均生产率为工具变量，通过两阶段最小二乘法估计企业需求函数的残差，得到每个企业的需求指数。

基于文本理论部分的假设和推导，拟线性二次效用函数假设下的需求函数为：

$$q(v) = (b+d)\alpha(v) - (b+d)p(v) + dP - d\bar{\alpha}$$

其中，$b = 1/\beta$，$d = \delta/\beta(\beta - \delta)$，$b + d = 1/\beta - \delta$，$\bar{\alpha} = \int_0^1 \alpha(v)dv$，

$P = \int_0^1 p(v)dv$ 为价格水平。当 $p(v)$ 和 $q(v)$ 都取 log 形式时，$b + d$ 就是需求弹性 σ。则企业 i 在时间 t 的需求函数（取 log 形式）的估计方程可以表示为：

$$\ln q_{it} = \lambda_t - \sigma\ln p_{it} + \sigma\ln\alpha_{it} = \lambda_t + \lambda_1\ln p_{it} + \eta_i + \xi_{it} + u_{it} \qquad (5.1)$$

其中，λ_t 是一个随时间改变的量，包含理论需求函数中的 $dP - d\bar{\alpha}$ 部分，代表所有企业都面临的宏观环境冲击；$\lambda_1 = -\sigma$ 反映了不同企业所生产的产品之间的需求弹性；q_{it} 和 p_{it} 是企业 i 在时间 t 的出口数量和出口价格。$\ln\alpha_{it} = \dfrac{1}{\sigma}(\eta_i + \xi_{it} + u_{it})$ 代表需求指数。其中，η_i 和 ξ_{it} 是企业在决定出口数量或者出口价格之前可以观测到而研究者无法观测到的影响需求的因素，例如产品质量、产品的附加功能或者品牌口碑，可以分解成不随时间改变的 η_i 和随时间改变的 ξ_{it}；u_{it} 是企业在做出出口数量或出口价格决策后才能意识到的暂时冲击。

由于研究者无法观测到的影响需求的因素会使得企业改变价格，即 $E[p_{it}(\eta_i + \xi_{it})] \neq 0$。因此如果使用最小二乘法对式（5.1）进行估计，将会产生内生性问题。在这种情况下，使用固定效应的两阶段最小二乘法可以获得价格系数的一致估计。遵循欧和李（Aw and Lee，2014），本书对所选 12 个行业的每个行业分别进行估计，把同行业内其他企业的平均生产率（下文会专门介绍本书的生产率估算方法）作为价格的工具变量。为考察工具变量的有效性，将工具变量分别对价格和需求函数的残差（固定效应普通最小二乘法估计所得）进行回归。

通过上述两阶段最小二乘法，得到需求指数为：

$$\widehat{\ln\alpha_{it}} = \frac{1}{\hat{\sigma}}(\eta_i + \xi_{it} + u_{it}) \qquad (5.2)$$

另外，在估计需求函数时，对于多种产品或多个出口目的地的企业，对其产品的出口数量和出口价格都进行了处理。由于海关交易数据提供的是某种产品（属于某个企业）在某个出口目的地的出口数量和出口价格，因此首先以该种产品在该企业该出口目的地所有产品的出口份额为权重，加权平均得到该企业在该出口目的地的出口数量和出口价格，然后以该出口目的地在该企业所有出口目的地的出口份额为权重，

加权平均得到该企业的出口数量和出口价格。则多种产品多个出口目的地的企业 i 在时间 t 的出口数量和出口价格表示为：$q_{it} = \sum_j \dfrac{r_j}{\sum_j r_j} \left(\sum_k \dfrac{r_{jk}}{\sum_k r_{jk}} q_{jk} \right)$，$p_{it} = \sum_j \dfrac{r_j}{\sum_j r_j} \left(\sum_k \dfrac{r_{jk}}{\sum_k r_{jk}} p_{jk} \right)$，其中，$q_{jk}$ 和 p_{jk} 表示第 j 个出口目的地的第 k 种产品的出口数量和出口价格，r_{jk} 表示企业所生产的第 k 种产品在第 j 个出口目的地的出口额，r_j 表示企业在第 j 个出口目的地所有产品的出口额。

5.1.2　估计结果

表 5 - 1 报告了估计需求方程时所使用的工具变量有效性的检验结果。其中，列（1）为工具变量对价格的回归结果，列（2）为工具变量对需求函数的残差（固定效应普通最小二乘法估计所得）回归的结果。首先，观察工具变量对价格的回归系数，除了玩具、鞋帽以及塑料橡胶制品 3 个行业在 5% 的统计水平上显著外，其他 9 个行业都在 1% 的统计水平上显著，表明工具变量与价格高度相关。其次，工具变量对需求函数残差的回归系数均不显著且都约等于零，即回归系数并不显著异于零，表明工具变量与残差没有明显的相关关系。可以得出，工具变量与需求方程的解释变量相关，并且与扰动项不相关，由此，可以基本确定所选工具变量的有效性。

表 5 - 1　　　　　　　　　　工具变量的有效性检验

行业	(1)	(2)	行业	(1)	(2)
	lnp	resid（OLS）		lnp	resid（OLS）
服装	0.196 *** (0.049)	- 0.000 (0.000)	化学产品	0.798 *** (0.024)	- 0.000 (0.001)
除服装外的纺织品	0.598 *** (0.020)	- 0.000 (0.000)	陶瓷玻璃制品	0.875 *** (0.032)	- 0.001 (0.001)
玩具	0.136 ** (0.059)	- 0.001 (0.001)	机电音像设备	0.848 *** (0.036)	- 0.000 (0.000)

行业	(1)	(2)	行业	(1)	(2)
	lnp	resid（OLS）		lnp	resid（OLS）
鞋帽	0.105 ** (0.057)	-0.001 (0.001)	家具	0.346 *** (0.062)	-0.000 (0.001)
化纤	0.624 *** (0.079)	-0.001 (0.001)	光学医疗等仪器	0.272 *** (0.064)	-0.000 (0.001)
塑料橡胶制品	0.221 ** (0.106)	-0.000 (0.000)	运输设备	0.324 *** (0.072)	0.000 (0.001)

注：括号内为标准差；** 、*** 分别表示参数的估计值在 5%、1% 的统计水平上显著。
资料来源：估计结果由 Stata 15.0 计算所得。

所选 12 个制造业行业需求方程的估计结果见表 5-2。第一行为使用固定效应普通最小二乘法得到的价格系数，第二行为使用两阶段最小二乘法得到的价格系数。普通最小二乘法所得价格系数的符号均为负，并且绝对值均小于 1。在使用两阶段最小二乘法纠正了可能的内生性问题之后，所选行业的价格系数的绝对值普遍增加，从 -1.354（塑料橡胶制品）到 -6.945（光学医疗等仪器），所有结果均在 1% 的统计水平上显著。

表 5-2　　　　　　　　　　需求方程的估计结果

制造业行业	服装	除服装外的纺织品	玩具
lnp（FE）	-0.234 *** (0.011)	-0.177 *** (0.012)	-0.187 *** (0.019)
lnp（2SLS）	-1.492 *** (0.571)	-1.959 *** (0.281)	-1.486 *** (0.259)
Year dummy	Yes	Yes	Yes
Observations	15517	11447	4078
制造业行业	化学产品	陶瓷玻璃制品	机电音像设备
lnp（FE）	-0.276 *** (0.012)	-0.157 *** (0.016)	-0.251 *** (0.007)

制造业行业	化学产品	陶瓷玻璃制品	机电音像设备
lnp（2SLS）	− 4. 259 *** （1. 058）	− 4. 978 *** （1. 852）	− 5. 838 *** （0. 161）
Year dummy	Yes	Yes	Yes
Observations	7456	4512	17598
制造业行业	化纤	塑料橡胶制品	光学医疗等仪器
lnp（FE）	− 0. 097 *** （0. 016）	− 0. 114 *** （0. 008）	− 0. 276 *** （0. 014）
lnp（2SLS）	− 1. 410 *** （0. 247）	− 1. 354 *** （0. 614）	− 6. 945 *** （0. 511）
Year dummy	Yes	Yes	Yes
Observations	7366	15329	4005
制造业行业	鞋帽	家具	运输设备
lnp（FE）	− 0. 107 *** （0. 024）	− 0. 383 *** （0. 016）	− 0. 159 *** （0. 015）
lnp（2SLS）	− 2. 624 *** （0. 607）	− 5. 109 *** （0. 116）	− 6. 177 *** （0. 506）
Year dummy	Yes	Yes	Yes
Observations	3611	6030	3589

注：括号内为标准差；*** 表示参数的估计值在 1% 的统计水平上显著；Yes 表示估计过程中加入了控制变量。

资料来源：估计结果由 Stata 15. 0 计算所得。

两阶段最小二乘法估计所得需求方程价格系数的绝对值即为需求弹性，根据式（5.2）再结合两阶段最小二乘法估计所得需求方程的残差则可得到需求指数。表 5 - 3 总结了所选 12 个制造业行业需求弹性和需求指数的分布。与欧和李（Aw and Lee，2017）对中国台湾部分制造业行业的估计类似：需求弹性的均值在 1 ~ 10 之间，标准差在 1 左右；需求指数的均值在 − 0.1 ~ 0.1 之间，标准差在 1 ~ 10 之间。

表 5 – 3　　　　　　　　　　需求弹性和需求指数分布

行业	需求弹性		需求指数	
	Mean	S. D.	Mean	S. D.
服装	1.492	0.571	0.001	3.839
除服装外的纺织品	1.959	0.281	0.003	2.918
玩具	1.486	0.259	0.009	4.663
鞋帽	2.624	0.607	0.005	1.887
化纤	1.410	0.247	0.004	5.541
塑料橡胶制品	1.354	0.614	0.095	8.370
化学产品	4.259	1.058	0.002	2.496
陶瓷玻璃制品	4.978	1.852	− 0.002	2.106
机电音像设备	5.838	0.161	− 0.012	3.042
家具	5.109	0.116	− 0.039	1.840
光学医疗等仪器	6.945	0.511	− 0.054	2.747
运输设备	6.177	0.506	− 0.010	2.847

资料来源：估计结果由 Stata 15.0 计算所得。

图 5 – 1 刻画了所选 12 个行业需求弹性平均值（sigma）和需求指数平均值（mean_demandindex）之间的负相关关系，即需求弹性越小，需求指数越高。也就是说，所处行业产品差别程度越大的企业，其产品特性越强。这是因为，企业要想在产品差别程度较大或者说产品更加多样化的行业有一席之地，其产品就要有自己的特点，质量较好、功能较多或者口碑较好等，才能吸引具有某些偏好的消费者，此时，消费者的偏好也比较多样化。

图 5 – 2 显示所选 12 个行业需求弹性的平均值（sigma）和需求指数的标准差（sd_demandindex）呈负相关，这表明，需求弹性越小也就是产品差别化程度越高的行业，其需求指数越分散；反之，需求弹性越大也就是产品越趋同的行业，其需求指数分布越集中。这是因为，产品差别化程度越高的行业，产品越多样化，产品质量、功能以及口碑等产品特性的水平越参差不齐，代表产品异质性的需求指数的浮动范围也就越大；而产品差别化程度越低的行业，产品比较单一，不同企业的产品

特性差别不大，因此需求指数分布比较集中。

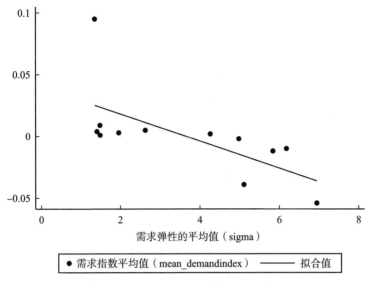

图 5 - 1　需求弹性和需求指数的平均值

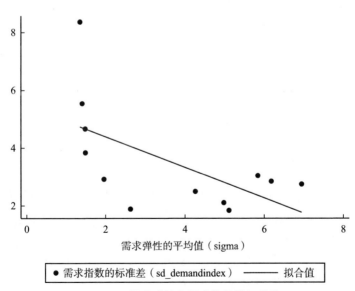

图 5 - 2　需求弹性和需求指数的标准差

另外，本书估计了每个样本企业产品的单位价值（unit value），单位价值通过将企业出口交货值除以出口数量获得。产品质量越高、性能越强或者具有名牌效应等，单位价值往往越高。单位价值、需求指数和价格的核密度曲线如图 5-3 所示。从图中可以看出，价格和单位价值数值区间基本一致，与价格相比，单位价值的数值分布比较分散。与价格和单位价值相比，本书估计所得需求指数的数值区间较大，数值分布也更分散。价格和单位价值只能反映同类产品之间的部分差异，一定程度上，本书的需求指数可以更好地反映产品异质性。

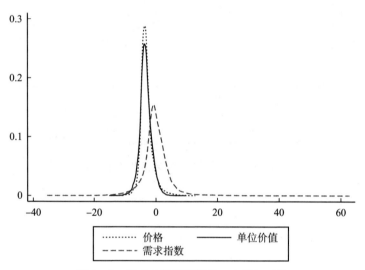

图 5-3 反映产品异质性的三个指标对比

5.2 全要素生产率

本书使用奥莱和帕克斯（Olley and Pakes，1996）（以下简称"OP法"）、莱文森和彼得林（Levinsohn and Petrin，2003）（以下简称"LP法"）以及艾克伯格等（Ackerberg et al.，2015）（以下简称"ACF法"）三种方法估计全要素生产率，第 6 章和第 7 章企业出口二元边际的实证检验和稳健性检验采用两种不同方法估计所得全要素生产率。

5.2.1　计量模型

生产函数是经济学的基本组成部分。生产函数的估计拥有久远的历史，可以追溯到 19 世纪初。但是，这段历史不能被视为绝对的成功，因为许多阻碍早期估计的计量经济学问题今天仍然是一个问题。生产函数将产出与投入（如资本、劳动力）联系起来。在估计生产函数时，也许主要的计量经济学问题是，有可能存在计量经济学家观察不到但企业观察到的生产决定因素。如果是这种情况，并且如果观察到的投入被选择为这些决定因素的函数（对于利润最大化或成本最小化的公司来说通常是这种情况），那么就存在内生性问题，并且对观察到的投入的系数的 OLS 估计将是有偏差的。已有研究对这些偏差的问题和解决它们的方法投入了大量的注意力，例如，玛莎可和安德鲁斯（Marschak and Andrews，1944）、霍赫（Hoch，1955）、蒙德拉克（Mundlak，1961）、蒙德拉克和霍赫（Mundlak and Hoch，1965）、克里斯滕森等（Christensen et al.，1971）、克里斯滕森和格林（Christensen and Greene，1976），等等。奥莱和帕克斯（Olley and Pakes，1996）及莱文森和彼得林（Levinsohn and Petrin，2003）提出的解决这一内生性问题的技术在实证文献中得到了广泛的应用，例如，帕瓦尼克（Pavcnik，2002）、克里斯古拉和马丁（Criscuola and Martin，2003）、菲尔南德斯（Fernandes，2003）、波拉劳克和基尔特勒（Blalock and Gertler，2004）、阿尔沃兹和劳帕兹（Alvarez and Lopez，2005）、斯瓦达森（Sivadasan，2009）、托帕洛娃和坎德瓦尔（Topalova and Khandewal，2011），等等。技术的本质是，在一定的理论和统计假设下，可以颠倒最优输入决策，以允许计量经济学家"观察"未观察到的生产率冲击。更准确地说，奥莱和帕克斯（Olley and Pakes，1996）确定了企业层面投资（以股本为条件）是标量、企业层面、未观察到的生产率冲击的严格递增函数的条件。这种严格的单调性意味着可以反转这个投资需求函数，从而通过对该反函数的非参数表示（即非参数函数）进行调节来控制未观察到的生产率冲击。

艾克伯格等（Ackerberg et al.，2015）提出，这些估计程序的第一阶段可能有问题。更具体地说，在一些与 OP/LP 模型的规定假设一致的简单数据生成过程中，第一阶段估计方程的矩条件并不确定劳动系数。这是一个函数依赖的问题。在这些数据生成过程中，可以表明劳动是一组变量的确定性函数，在 OP/LP 模型过程中，需要以非参数为条件。因此，一旦进行了这种非参数调节，就没有剩余劳动力的变化来确定劳动力系数。艾克伯格等（Ackerberg et al.，2015）探索了替代的数据生成过程，试图找到这种函数相关性问题不适用的例子，发现只有一组有限的数据生成过程，其劳动系数可以使用 OP/LP 模型第一阶段矩来确定，描述这些过程的特征，并认为它们在许多行业中可能是不现实的。

然后，艾克伯格等（Ackerberg et al.，2015）提出了一个替代的估计过程，它使用的矩条件与 OP 法和 LP 法使用得非常相似，但是避免了函数依赖问题。具体来说，虽然 OP 法和 LP 法对投资（OP）和中间投入（LP）求逆需求函数，但 ACF 法对劳动力投入有条件的投资或中间需求函数。使用这些条件输入需求函数排除了使用第一阶段矩识别劳动系数。它们说明了如何使用第二阶段矩估计该系数以及其他生产函数参数（在第一阶段矩用于估计辅助参数之后），还说明了如何使用条件投入需求函数来实现比原始 OP 法和 LP 法过程更通用的数据生成过程。与典型的 OP 法和 LP 法矩条件不同，如果存在对劳动力价格的未观察到的、序列相关的、特定于企业的冲击，如果劳动力在其他变量输入之前被选择（具有不同的信息集），或者如果劳动力是动态的并且存在未观察到的、特定于企业的劳动力调整成本，矩条件产生一致的估计。伍德里奇（Wooldridge，2009）提出同时估计 LP 法（或 OP 法）中的两组矩，并指出可以避免 ACF 法中提出的相同函数依赖问题。另外，伍德里奇（Wooldridge，2009）矩是基于无条件的投入需求函数，并不允许所有上述的数据生成过程。

关于全要素生产率的估计通常是从拟合生产函数开始的，因为总量层面上，总产出无法全部被要素投入解释，即存在生产函数的"剩余"。因此，全要素生产率被理解为扣除要素贡献后的"剩余"生产率水平。在估计全要素生产率之前，通常要对生产函数的形式进行设定。从结构简单易用且测度直观符合常理的角度，本书按照大多数已有研究的做法，设定生产函数为 Cobb – Douglas 形式：

$$y = \omega l^{\theta_l} k^{\theta_k} \tag{5.3}$$

将式 (5.3) 取 log 形式, 企业 i 在时间 t 的生产函数的估计方程为:

$$\ln y_{it} = \theta_0 + \theta_l \ln l_t + \theta_k \ln k_{it} + \omega_{it} + \varepsilon_{it} \qquad (5.4)$$

其中, y_{it} 为企业的工业增加值, l_{it} 为生产投入的劳动, k_{it} 为资本存量, ε_{it} 是满足独立同分布的供给冲击。ω_{it} 代表企业的全要素生产率, 研究者无法观测到, 会影响企业的生产投入。利润最大化的企业会对生产率的变化做出反应, 比如当生产率提高时会扩大生产从而增加要素的投入, 当生产率降低时会减少生产从而减少要素的投入。因此, 如果使用普通最小二乘法估计, 由于不可观测的生产率与要素投入的相关性会产生内生性问题。

为了解决这个问题, 奥莱和帕克斯 (1996) 使用投资作为不可观测的生产率冲击的代理变量进行两阶段估计。莱文森和彼得林 (2003) 则认为投资并不是生产率良好的代理变量, 投资不能即时地对生产率变化做出反应, 他们提出可以把不可观测的生产率 ω_{it} 表示成可以观测的资本存量 k_{it} 和中间投入 m_{it} 的函数。艾克伯格等 (2015) 基于 OP 法和 LP 法又进行了细微的调整, 第一个阶段只是剔除随机供给冲击的干扰, 所有系数均在第二阶段进行估计。为了保证估计结果的稳健性, 本书使用上述三种方法, 即 OP 法、LP 法和 ACF 法, 分别对全要素生产率进行估计, 并将这三种方法得出的全要素生产率进行对比。在本书考察企业出口二元边际的实证部分, 使用 LP 法所得全要素生产率进行估计, 并使用 OP 法所得全要素生产率进行稳健性检验。

关于全要素生产率的具体估计过程, 由于上述三种方法基本上依赖于相同的矩条件, 因此以 LP 法为例, 估计过程如下。

不可观测的生产率 ω_{it} 表示成可以观测的资本存量 k_{it} 和中间投入 m_{it} 的函数:

$$\omega_{it} = \omega_{it}(k_{it}, m_{it}) \qquad (5.5)$$

生产函数的估计方程可以改写为:

$$\ln y_{it} = \theta_0 + \theta_l \ln l_{it} + \phi_{it}(k_{it}, m_{it}) + \varepsilon_{it} \qquad (5.6)$$

其中, $\phi_{it}(k_{it}, m_{it}) = \theta_k \ln k_{it} + \omega_{it}(k_{it}, m_{it})$。把 $\phi_{it}(k_{it}, m_{it})$ 看成是一个 k_{it} 和 m_{it} 的三次多项式, 用普通最小二乘法估计式 (5.6), 可以得到 θ_l 以及 ϕ_{it} 的估计值。至此, 完成了第一阶段的估计。

生产率的发展方程为:

$$\omega_{it} = h(\omega_{it-1}) + \epsilon_{it} \qquad (5.7)$$

其中，ϵ_{it} 为独立同分布的技术冲击。则：

$$\hat{\phi}_{it} = \theta_k \ln k_{it} + h(\omega_{it-1}) + \epsilon_{it} = \theta_k \ln k_{it} + h(\hat{\phi}_{it-1} - \theta_k \ln k_{it-1}) + \epsilon_{it}$$

$$(5.8)$$

使用非线性最小二乘法估计式（5.8），进而确定系数 θ_k 和生产率的发展方程 h。综合以上估计，得到企业 i 在时间 t 的全要素生产率为：

$$\hat{\omega}_{it} = \hat{\phi}_{it} - \hat{\theta}_k \ln k_{it} \qquad (5.9)$$

5.2.2 估计结果

使用 LP 法、OP 法和 ACF 法三种方法估计全要素生产率（TFP）所得结果见表 5-4。由 LP 法估计结果表明：光学医疗等仪器的平均生产率最高，达到 2.621；并且，该行业内的生产率水平分散化程度最高，标准差为 1.286。中国的传统出口行业，除玩具和家具行业的生产率水平超过 2 外，其他均小于 2。LP 法和 OP 法两种方法的估计结果，取值范围较为类似，均在 2 左右；变化幅度，LP 法所得结果更大。ACF 法所得结果取值普遍在 5 左右，浮动范围与 OP 法所得类似。

表 5-4　　　　　　　　　　全要素生产率的估计结果

行业	TFP（LP）		TFP（OP）		TFP（ACF）	
	Mean	S. D.	Mean	S. D.	Mean	S. D.
服装	1.624	0.902	1.265	0.731	6.710	0.993
除服装外的纺织品	1.722	0.966	1.625	0.746	5.865	1.050
玩具	2.237	0.981	1.384	0.721	6.966	1.035
鞋帽	1.583	0.890	1.048	0.652	2.964	0.918
化纤	1.649	0.931	1.705	0.701	5.747	0.954
塑料橡胶制品	1.898	1.118	0.903	0.821	4.337	1.082
化学产品	1.495	1.075	1.330	0.846	4.562	1.028
陶瓷玻璃制品	1.692	1.007	0.984	0.717	5.377	0.992
机电音像设备	2.328	1.280	1.808	0.898	4.033	1.157
家具	2.301	1.040	2.089	0.794	2.785	1.087

行业	TFP（LP）		TFP（OP）		TFP（ACF）	
	Mean	S. D.	Mean	S. D.	Mean	S. D.
光学医疗等仪器	2. 621	1. 286	2. 624	0. 918	3. 354	1. 118
运输设备	2. 236	1. 147	1. 123	0. 781	4. 283	0. 989

资料来源：估计结果由 Stata 15. 0 计算所得。

　　为了得到更直观的对比，三种方法所得所有样本企业全要素生产率估计结果的核密度曲线见图 5 - 4。从图中可以看出，LP 法和 OP 法两种方法估计所得全要素生产率取值范围比较接近，LP 法和 ACF 法两种方法估计所得全要素生产率数值分布的分散程度比较接近，比 OP 法估计值分布更分散。

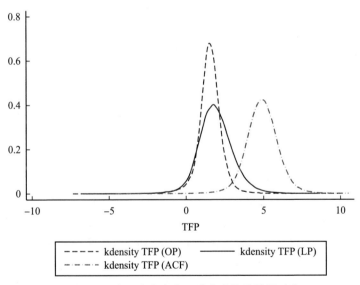

图 5 - 4　全要素生产率三种方法估计结果对比

5.3　成　本　弹　性

　　第 3 章分析了产品特性的加强往往伴随着成本的增加，本书的成本弹性是指企业提高产品质量、升级产品功能、改良产品外观或者提高产品知名度等所引起的边际成本的增加幅度。本节对成本弹性进行估计。

5.3.1　计量模型

基于本书理论部分对边际成本的假设，企业 i 在时间 t 的边际成本（取对数形式）的估计方程为：

$$\ln c_{it} = \gamma_0 + \gamma_w \ln W_{it} + \gamma_k \ln k_{it} + \gamma_\alpha \ln\alpha_{it} + \gamma_\omega \omega_{it} + \gamma_{year} D_{year} + \zeta_{it} \quad (5.10)$$

其中，W_{it} 表示工资（由当年应付工资总额除以从业人数所得），k_{it} 表示资本存量，$\ln\alpha_{it}$ 为前文估计所得需求指数，ω_{it} 为前文估计所得全要素生产率，D_{year} 是年份虚拟变量，ζ_{it} 表示满足独立同分布的成本冲击。

企业 i 在时间 t 的价格估计方程为：

$$\ln p_{it} = \widetilde{\gamma_0} + \gamma_w \ln W_{it} + \gamma_k \ln k_{it} + \gamma_\alpha \ln\alpha_{it} + \gamma_\omega \omega_{it} + \gamma_{year} D_{year} + \zeta_{it}$$

$$(5.11)$$

其中，$\widetilde{\gamma_0} = \ln\left(\dfrac{\sigma}{\sigma - 1}\right) + \gamma_0$。估计式（5.11）所得 $\widehat{\gamma_\alpha}$ 即为需求指数的成本弹性。在估计式（5.11）前进行了一系列检验：解释变量加入或剔除 W_{it}、k_{it}、ω_{it}，并且考察了非线性形式的 $\ln\alpha_{it}$（$(\ln\alpha_{it})^2$ 和 $(\ln\alpha_{it})^3$）。

5.3.2　估计结果

表 5 – 5 为式（5.11）的估计结果，包括四种组合的解释变量的情形。列（1）的解释变量只有需求指数，列（2）的解释变量除了需求指数外还加入了工资和资本存量，列（3）加入了全要素生产率。这三种情形下，需求指数的系数估计值即 $\widehat{\gamma_\alpha}$ 均为 0.144，其标准差均为 0.002。另外，列（4）加入了非线性形式的需求指数项，虽然都显著，但平方项接近于零，立方项无异于零。所以，需求指数在成本方程中只以线性形式出现是合理的。

表 5 - 5		服装行业成本弹性的稳健估计		
项目	(1)	(2)	(3)	(4)
需求指数	0.144 *** (0.002)	0.144 *** (0.002)	0.144 *** (0.002)	0.105 *** (0.002)
全要素生产率			- 0.445 *** (0.007)	
工资		0.006 (0.009)	0.015 * (0.009)	0.001 (0.008)
资本存量		- 0.024 *** (0.006)	- 0.021 *** (0.006)	- 0.018 *** (0.006)
需求指数的平方				0.005 *** (0.002)
需求指数的立方				0.000 *** (0.000)
Year dummy	Yes	Yes	Yes	Yes
observations	15517	15517	15517	15517

注：括号内为标准差；*** 表示参数的估计值在 1% 的统计水平上显著；Yes 表示估计过程中加入了控制变量。

资料来源：估计结果由 Stata 15.0 计算所得。

为了进一步确定成本弹性估计值的稳健性，排除解释变量之间存在多重共线性的可能，表 5 - 6 报告了每个行业成本弹性估计中每个解释变量的方差膨胀因子（variance inflation factor，VIF）。一般认为，当 $0 < VIF < 10$ 时，不存在多重共线性。从表中可以看出，各行业在估计成本弹性时并不存在明显的多重共线性。至此，有理由相信本书成本弹性估计值的稳健性。

表 5 - 6			各行业成本弹性估计的 VIF 检验			
项目	服装	除服装外的纺织品	玩具	化学产品	陶瓷玻璃制品	机电音像设备
需求指数	1.10	1.09	1.16	1.06	1.14	1.16
全要素生产率	1.12	1.16	1.19	1.23	1.29	1.46

项目	服装	除服装外的纺织品	玩具	化学产品	陶瓷玻璃制品	机电音像设备
工资	1.15	1.16	1.17	1.17	1.21	1.24
资本存量	1.11	1.15	1.20	1.23	1.29	1.38
年份						
2001	2.25	2.00	1.96	2.11	2.09	1.97
2002	2.47	2.18	2.05	2.32	2.21	2.06
2003	2.72	2.34	2.20	2.52	2.44	2.23
2004	3.28	2.88	2.61	2.98	3.00	2.73
2005	3.35	2.81	2.54	2.95	2.97	2.15
2006	3.37	3.12	2.75	3.13	3.21	2.38
项目	化纤	塑料橡胶制品	光学医疗等仪器	鞋帽	家具	运输设备
需求指数	1.07	1.14	1.15	1.16	1.06	1.16
全要素生产率	1.24	1.33	1.72	1.18	1.22	1.44
工资	1.14	1.20	1.27	1.17	1.13	1.20
资本存量	1.22	1.33	1.54	1.22	1.22	1.42
年份						
2001	2.01	1.99	2.16	1.92	2.16	2.20
2002	2.11	2.05	2.35	1.97	2.31	2.40
2003	2.29	2.21	2.55	2.16	2.66	2.76
2004	2.75	2.77	3.26	2.43	3.64	3.55
2005	2.59	2.77	3.17	2.55	3.62	3.84
2006	2.83	2.98	3.54	2.80	4.11	4.21

资料来源：估计结果由 Stata 15.0 计算所得。

表 5-7 报告了各行业成本弹性的估计结果。以服装行业为例，成本弹性为 0.144，表示产品异质性每提高 1%，成本将增加 0.144%。与欧和李（Aw and Lee，2017）对中国台湾部分制造业行业的估计类似：成本弹性的均值在 0.1~1 之间、标准差小于 0.05。成本弹性的均值小

于1意味着需求指数提高1%，引起的成本增加往往不到1%，与本书的理论假设一致。

表5-7 成本弹性估计结果

行业	成本弹性 $\widehat{\gamma_\alpha}$	行业	成本弹性 $\widehat{\gamma_\alpha}$
服装	0.144 *** (0.002)	化学产品	0.770 *** (0.002)
除服装外的纺织品	0.346 *** (0.002)	陶瓷玻璃制品	0.790 *** (0.003)
玩具	0.198 *** (0.003)	机电音像设备	0.845 *** (0.001)
鞋帽	0.496 *** (0.005)	家具	0.818 *** (0.003)
化纤	0.152 *** (0.002)	光学医疗等仪器	0.879 *** (0.002)
塑料橡胶制品	0.180 *** (0.001)	运输设备	0.846 *** (0.002)

注：括号内为标准差；*** 表示参数的估计值在1%的统计水平上显著。
资料来源：估计结果由 Stata 15.0 计算所得。

图5-5描绘了所选12个行业需求弹性和成本弹性的平均值之间的关系。需求弹性平均值由 sigma 表示，成本弹性平均值由 gamma 表示。从图中可以看出，需求弹性与成本弹性正相关，也就是说，需求弹性越大即市场上产品越趋于同质化，企业想要通过提高产品质量、改进产品功能或者扩大品牌影响等途径来提高产品的需求指数就要投入更多的成本。反过来，需求弹性越小即市场上产品差别程度越高，企业加强产品特性所需要的投入往往较少。这是因为，当市场上产品高度同质化时，产品之间无论是产品质量还是使用功能等产品特性都很难拉开差距，同时人们对此类产品的偏好也比较单一，此时企业如果想通过加强产品特性使自己的产品与其他产品拉开差距往往很难，增加成本投入也不一定达到预期的效果，也就是说此时加强产品特性的边际成本的增加较大。

然而，当市场上产品差别程度比较高时，产品自身的特点比较明显或者产品有比较强的不可替代性，同时消费者偏好比较多元化，每种产品通过自身某方面特性吸引着比较固定的消费群体，此时，如果进一步加强产品特性，企业既可以通过继续突出其产品原本的特性也可以增加其他方面特性的优势，边际成本的增加较小。

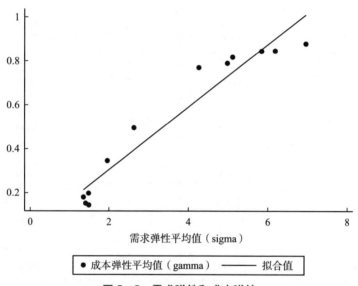

图 5 – 5　需求弹性和成本弹性

图 5 – 6 描绘了所选 12 个行业成本弹性的平均值（gamma）和需求指数的标准差（sd_demandindex）之间的负相关关系。当行业内平均成本弹性比较大时，也就是说，行业内的企业普遍面临着同样的问题：增加很大的成本投入才能实现产品特性的一定提升，此时，单个企业为使其产品区别于竞争对手产品而改进其产品特性的动力也就比较小，行业内需求指数的分布也就比较集中。当行业内平均成本弹性比较小时，单个企业只要增加较少的成本投入就能够获得产品特性的一定提升，企业就会竞相提升自己产品的吸引力，产品也就更多样化，行业内需求指数的分布也就比较分散。

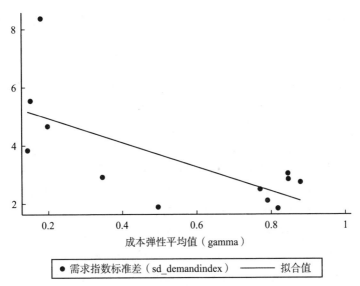

图 5 - 6   成本弹性和需求指数的标准差

总而言之，这些数据模式表明，提高需求指数所引起的边际成本增加越多，企业的需求指数的分布越集中，产品之间的替代性越强。

81

5.4   本 章 小 结

本章对本书的关键变量进行了估计，其中包括表示产品异质性的需求指数、全要素生产率、需求弹性以及成本弹性。对样本 12 个制造业行业的每个行业，以同行业其他企业的平均生产率作为价格的工具变量估计需求函数，得到需求弹性和需求指数；使用 OP 法、LP 法和 ACF 法三种方法估计生产函数，通过引入代理变量，得到全要素生产率；经过一系列检验，估计由成本函数转换成的价格函数，得到成本弹性。在得到关键变量的估计值之后，对变量之间进行了一系列关系梳理和检验，并给出了相应解释，为接下来两章的实证分析做准备。

样本数据的 12 个行业中，需求弹性最大的为光学医疗等仪器行业，需求弹性最小的为塑料橡胶制品行业；需求指数的均值在 $-0.1 \sim 0.1$ 之间，标准差在 $1 \sim 10$ 之间。LP 法和 OP 法两种方法的估计结果，取值范围较为类似，均在 2 左右；变化幅度，LP 法所得结果更大。ACF 法所得结果取值普遍在 5 左右，浮动范围与 OP 法所得类似。成本弹性的均值在 0.1~1 之间、标准差小于 0.05。

通过考察关键变量之间的关系得到的主要结论有：第一，所处行业产品差别程度越高的企业，其需求指数越高，反之，所处行业产品越趋同的企业，其需求指数越低；第二，产品差别程度越高的行业，行业内企业需求指数分布越分散，反之，产品差别程度越低的行业，行业内企业需求指数分布越集中；第三，需求弹性越大即市场上产品越趋于同质化，企业提高需求指数所引起的边际成本增加越多，反之，需求弹性越小，成本弹性越小；第四，提高需求指数所引起边际成本增加平均较多的行业，行业内的企业需求指数的分布比较集中，反之，行业平均成本弹性越小，行业内的企业需求指数分布越分散。

不同水平的行业产品差别程度或者市场需求弹性，对应着不同水平的消费偏好，也反映了不同企业产品之间竞争的激烈程度，因此，需求弹性与需求指数的分布高度相关。而成本弹性的大小表示提高需求指数所引起的边际成本增加的多少，反映了企业的生产能力和效率，影响着企业提高需求指数的动力，因此，成本弹性与需求指数的分布也高度相关。

本章为了得到关键变量的稳健估计，每个变量的估计或者使用两种以上方法或者估计前进行一系列检验。相信在未来，随着估计方法的不断发展以及数据信息的不断完善，这些变量的估计将会更加科学准确。

第6章 基于企业出口深度边际的实证分析

本书采用两个指标衡量企业出口的深度边际：企业年度出口额和企业在出口目的地的年度市场份额。出口额是企业在出口目的地的出口绝对量，反映企业出口规模；出口市场份额是企业在出口目的地的出口相对量，反映企业在目标市场的竞争力。

6.1 基于企业出口深度边际的计量模型

基于企业出口深度边际，考察产品异质性和生产率对企业出口绩效影响的计量模型为：

$$\ln(s_{it}) = \mu_0 + X'_{it}\mu + \kappa_{it} \tag{6.1}$$

其中，s_{it} 为企业 i 在时间 t 的出口额或者出口份额。X'_{it} 是企业特征的向量，包括用资本存量衡量的企业规模、前文估计所得的企业需求指数和全要素生产率等。除本书重点考察的反映产品异质性的需求指数和全要素生产率之外，解释变量还纳入了资本存量，这是因为，资本存量作为企业规模的衡量指标，反映企业克服在国外市场销售的额外成本的能力，影响着企业的出口参与决策。另外，κ_{it} 为符合独立同分布的出口冲击。回归分析过程中，还加入了年份虚拟变量和行业虚拟变量。

当被解释变量为企业出口额时，采用海关交易数据提供的出口额信息。尽管已经在数据处理过程中把月度数据加总成年度数据，但海关交易数据提供的是某种产品（属于某个企业）在某个出口目的的出口额，因此对于多种产品多个出口目的地的企业，需要将其所有产品种类和所有出口目的地的出口额进行加总。

当被解释变量为企业在出口目的地的市场份额时，用企业年度出口额除以出口目的地来自同行业（4 位 HS 编码产品行业）所有供应商的年度进口总额，即出口目的地从中国该企业的进口额除以出口目的地从同行业所有贸易伙伴国家企业的进口总额，并且进行了标准化处理。对于每个出口目的地，从每个行业里选出一个或多个 4 位 HS 编码产品种类，将其视为其所属行业的基准产品（组合）。所选基准产品（组合）包含的观测值个数一般占其所属行业总观测值的 1/10 左右。对于每个出口目的地，将其基准产品所有供应商的市场份额按年度进行加总，即得到每一年每个地区每个行业的市场份额标准化单位。对市场份额进行这样的标准化处理，可以消除由于不同行业和不同年份尤其是不同出口目的地造成的企业市场份额的过分差距。对于出口目的地唯一（出口目的地为 d）的企业，其标准化处理后的市场份额为：

$$s_{it} = \frac{\widetilde{s}_{it}^{d}}{s_0^d} \tag{6.2}$$

其中，$\widetilde{s}_{it}^{d}$ 为未标准化处理的市场份额，s_0^d 为出口目的地为 d 时市场份额的标准化单位。对于多个出口目的地的企业，以每个出口目的地占所有出口目的地的出口份额为权重进行加权平均，为：

$$s_{it} = \sum_d \frac{r_d}{\sum\limits_d r_d} \frac{\widetilde{s}_{it}^{d}}{s_0^d} \tag{6.3}$$

其中，r_d 为企业在出口目的地 d 的出口额。

本书并未考虑出口目的地本土企业所生产的产品，因为出口目的地的进口产品（从中国企业和其他贸易伙伴国家的企业进口的产品）与其本土产品除了产品本身的差异还存在关税和本土产品偏好等方面的差异，所以本书主要考虑中国企业在出口竞争对手中的市场份额。

为了对比加入需求指数前后的估计结果，首先在企业特征向量 X_{it}' 不包含需求指数的情形下进行估计，然后加入需求指数再进行估计，得到两组结果。为了考察需求指数和全要素生产率与需求弹性和成本弹性的交互作用，分别加入需求指数和全要素生产率与需求弹性的乘积项以及需求指数和全要素生产率与成本弹性的乘积项，又得到两组结果。之所以没有同时包含所有乘积项，主要因为需求弹性和成本弹性之间的高度相关性会使得乘积项的估计系数统计上不显著。

6.2 基于企业出口深度边际的估计结果

6.2.1 基本估计结果

表6-1汇总了四种企业特征组合的估计结果。从列（1）到列（2），解释变量增加了需求指数之后，生产率的系数从0.245下降到0.230，企业规模的系数从0.263下降到0.194。需求指数提高1%，出口额增长15.4%。这表明，从企业出口的深度边际角度，需求指数发挥了重要作用，如果忽略了需求指数的影响，就意味着某种程度高估了提高生产率降低成本对企业出口深度边际的影响。

表6-1　　　　　　　　　　深度边际——出口额

项目	四种估计结果			
	（1）	（2）	（3）	（4）
生产率	0.245 *** (0.005)	0.230 *** (0.004)	0.043 *** (0.009)	0.039 *** (0.009)
需求指数		0.154 *** (0.001)	0.125 *** (0.002)	0.122 *** (0.002)
企业规模	0.263 *** (0.004)	0.194 *** (0.004)	0.183 *** (0.004)	0.183 *** (0.004)
需求指数×需求弹性			− 0.015 *** (0.001)	
生产率×需求弹性			0.048 *** (0.002)	
需求指数×成本弹性				− 0.121 *** (0.004)
生产率×成本弹性				0.330 *** (0.014)

续表

项目	四种估计结果			
	(1)	(2)	(3)	(4)
Year dummy	Yes	Yes	Yes	Yes
Industry dummy	Yes	Yes	Yes	Yes
observations	100538	100538	100538	100538

注：被解释变量为取 log 形式的企业出口额；括号内为标准差；*** 表示参数的估计值在 1% 的统计水平上显著；Yes 表示估计过程中加入了控制变量。

资料来源：估计结果由 Stata 15.0 计算所得。

表 6-1 中的列（3）报告了进一步加入需求指数和生产率与替代弹性的乘积项后的估计结果。需求指数与替代弹性的乘积项系数符号为负，生产率与替代弹性的乘积项系数符号为正。与本书理论分析得到的结论一致，需求指数和生产率对企业出口深度边际影响的相对重要性与替代弹性有关。目标市场的产品差别化程度越高，也就是替代弹性越小，通过加强产品质量等产品特性来扩大出口的效果越明显。这是因为，产品差别化程度较高的市场，替代品较少，顾客对具有某些特征的产品具有一定的依赖性，此时，加强产品质量等产品特性更能巩固并扩大消费群体。

表 6-1 中的列（4）报告了加入需求指数和生产率与成本弹性的乘积项后的估计结果。第三种和第四种情形下，企业规模的系数保持稳定，为 0.183，标准差也稳定在 0.004。生产率和需求指数的系数出现了不同程度的下降，并且，需求指数与成本弹性的乘积项系数符号为负，生产率与成本弹性的乘积项系数符号为正。这是因为，当成本弹性较小时，也就是加强产品特性所引起的边际成本投入增加较少时，企业通过比较少的投入增加就能获得产品特性的一定提升，尽管产品价格的小幅上涨，但产品特性大幅提高，企业仍然可以实现出口额的扩大。而当成本弹性较大时，加强产品特性的收益增加并不能抵销成本增加造成的收益损失，此时，提高生产率降低成本才能更有效地扩大出口额。

表 6-2 汇总了被解释变量为企业在出口目的地市场份额时四种不同组合企业特征的估计结果。在列（1）中，首先把需求指数这一企业特征排除在外，只考虑企业规模和生产率。企业规模和生产率的系数符号均为正，表明规模越大或者生产率越高的企业，其产品在出口市场所

占份额越大。紧接着，在列（2）把需求指数和生产率同时包括进来。需求指数的正系数表明高需求指数企业更有可能在国外市场占有较大份额。此时，企业规模和生产率的系数仍然大于零，只是企业规模的系数从未考虑需求指数时的 0.245 下降到 0.178，生产率的系数从 0.291 下降到 0.266。由此可见，需求指数对于企业出口市场份额也发挥了重要作用；如果忽略了需求指数的重要作用，就意味着某种程度上高估了低成本在企业出口市场份额中的作用。所以，通过提高生产率来降低成本虽然可以在一定程度上扩大国外市场份额，但更大程度上扩大市场份额要靠降低成本和加强产品特性双管齐下。

表 6 - 2　　　　　　　　深度边际——出口市场份额

项目	四种估计结果			
	（1）	（2）	（3）	（4）
生产率	0.291 *** (0.011)	0.266 *** (0.010)	0.194 *** (0.021)	0.188 *** (0.021)
需求指数		0.144 *** (0.002)	0.122 *** (0.004)	0.119 *** (0.004)
企业规模	0.245 *** (0.008)	0.178 *** (0.008)	0.172 *** (0.008)	0.171 *** (0.008)
需求指数 × 需求弹性			- 0.011 *** (0.001)	
生产率 × 需求弹性			0.018 *** (0.005)	
需求指数 × 成本弹性				- 0.088 *** (0.010)
生产率 × 成本弹性				0.128 *** (0.032)
Year dummy	Yes	Yes	Yes	Yes
Industry dummy	Yes	Yes	Yes	Yes
observations	100538	100538	100538	100538

注：被解释变量为标准化处理后的企业出口市场份额；括号内为标准差；*** 表示参数的估计值在 1% 的统计水平上显著；Yes 表示估计过程中加入了控制变量。

资料来源：估计结果由 Stata 15.0 计算所得。

需求指数与替代弹性乘积项的负系数表明，虽然企业需求指数越高，其产品在出口目的地的市场份额越大，但如果其产品有更多的替代品，则通过提高需求指数来扩大市场份额将受限。这与本书的理论结果相一致，在产品差别化程度越高的市场，也就是市场上产品之间替代弹性越小，通过提高需求指数来增加出口利润的效果越明显。而生产率与替代弹性的乘积项系数符号为正，意味着市场的产品越趋同，通过降低成本来扩大份额的效果越明显。

最后，表6-2中的列（4）报告了包含需求指数和生产率与成本弹性的乘积项在内的估计结果。与理论结果一致，需求指数与成本弹性的乘积项系数符号为负，表明成本弹性越大，需求指数对企业在出口目的地的市场份额的正效应越小，反之，成本弹性越小，需求指数对企业在出口目的地的市场份额的正效应越大。因为此时加强产品特性的同时也使得成本增加更多，从而通过提高需求指数来扩大市场份额的效果就会大打折扣。生产率与成本弹性的乘积项系数符号为正，即成本弹性越大，生产率对出口市场份额的贡献越大。

6.2.2 分组估计结果

需求指数和全要素生产率在企业出口深度边际中的作用是否会因为企业贸易方式的不同而表现出明显区别？需求指数和全要素生产率的相对重要性是否会因为企业类型或者出口目的地的不同而有所差异？基于对这些问题的探讨，本书分别将样本区分为一般贸易企业和加工贸易企业、内资企业和港澳台商外商投资企业、出口到不同出口目的地的企业进行分组估计。

（1）一般贸易企业与加工贸易企业分组。

由于一部分针对中国企业生产率的较早研究发现中国内销企业的生产率普遍高于出口企业，并且得出出口企业的出口值与生产率负相关，即所谓中国存在出口企业的"生产率悖论"，还指出加工贸易企业大量存在是其背后的重要原因。后来，借助于不断发展的生产率估计方法，越来越多的研究推翻了中国存在出口企业"生产率悖论"的观点。因此，为了得到需求指数与全要素生产率在企业出口深度边际中作用的稳健估计，按贸易方式进行分组估计是必要的。

本书根据海关交易数据库提供的产品交易方式，将其与产品所属企业对应，得到企业贸易方式，然后把全样本分成一般贸易企业和加工贸易企业两大类。按照前文深度边际的衡量指标，分别以企业出口额和企业在出口目的地的市场份额为被解释变量对不同贸易方式分组的企业进行估计。结果如表 6-3 和表 6-4 所示。

表 6-3　　　　　　　按贸易方式分组估计——出口额

项目	一般贸易企业		加工贸易企业	
	（1）	（2）	（1）	（2）
生产率	0.056 *** （0.014）	0.048 *** （0.014）	0.067 *** （0.011）	0.064 *** （0.011）
需求指数	0.156 *** （0.002）	0.150 *** （0.002）	0.106 *** （0.002）	0.105 *** （0.002）
企业规模	0.144 *** （0.005）	0.144 *** （0.005）	0.231 *** （0.006）	0.230 *** （0.006）
需求指数 × 需求弹性	-0.009 *** （0.001）		-0.017 *** （0.001）	
生产率 × 需求弹性	0.046 *** （0.003）		0.047 *** （0.003）	
需求指数 × 成本弹性		-0.085 *** （0.006）		-0.127 *** （0.006）
生产率 × 成本弹性		0.314 *** （0.021）		0.326 *** （0.018）
Year dummy	Yes	Yes	Yes	Yes
Industry dummy	Yes	Yes	Yes	Yes
observations	60844	60844	39611	39611

注：被解释变量为取 log 形式的企业出口额；括号内为标准差；*** 表示参数的估计值在1% 的统计水平上显著；Yes 表示估计过程中加入了控制变量。

资料来源：估计结果由 Stata 15.0 计算所得。

表6-4 按贸易方式分组估计——出口市场份额

项目	一般贸易企业		加工贸易企业	
	(1)	(2)	(1)	(2)
生产率	0.219 *** (0.031)	0.210 *** (0.032)	0.154 *** (0.027)	0.150 *** (0.027)
需求指数	0.159 *** (0.005)	0.154 *** (0.005)	0.096 *** (0.005)	0.095 *** (0.005)
企业规模	0.114 *** (0.010)	0.113 *** (0.010)	0.270 *** (0.013)	0.268 *** (0.013)
需求指数×需求弹性	-0.002 ** (0.002)		-0.018 *** (0.002)	
生产率×需求弹性	0.009 ** (0.007)		0.034 *** (0.006)	
需求指数×成本弹性		-0.027 ** (0.013)		-0.140 *** (0.014)
生产率×成本弹性		0.071 ** (0.047)		0.243 *** (0.043)
Year dummy	Yes	Yes	Yes	Yes
Industry dummy	Yes	Yes	Yes	Yes
observations	60844	60844	39611	39611

注：被解释变量为标准化处理后的企业出口市场份额；括号内为标准差；** 、*** 分别表示参数的估计值在5%、1%的统计水平上显著；Yes表示估计过程中加入了控制变量。

资料来源：估计结果由 Stata 15.0 计算所得。

表6-3的被解释变量为企业出口额。每种贸易方式类型分组下，又各有两组结果，分别加入了需求指数和全要素生产率与需求弹性和成本弹性的两组乘积项，总共四组结果。其中，需求指数和生产率的系数均为正，需求指数与需求弹性和成本弹性的乘积项系数为负，生产率与需求弹性和成本弹性的乘积项系数为正，并且，这些结果均在1%的统计水平上显著。与理论预测和全样本估计结果一致，产品异质性越大、生产率越高的企业，其出口额往往也越大；需求弹性和成本弹性越小，相对于生产率，产品异质性对企业出口额的正效应越强。表6-3的结

果表明，在区分了一般贸易企业和加工贸易企业之后，从企业出口额角度仍然不存在"生产率悖论"的现象。另外，从表中可以看出，受需求弹性和成本弹性的影响，需求指数对一般贸易企业的作用（0.156，0.150）要大于对加工贸易企业的作用（0.106，0.105）。也就是说，与加工贸易企业相比，产品异质性对一般贸易企业出口额的影响更大。这主要因为，加工贸易企业大多是按照订单进行生产，其产品主要销往国外市场，因此销路比较稳定，而一般贸易企业要想使自己的产品得到国外消费者的欢迎并且在国外市场有一席之地，其产品就要有一定的吸引力，或者质量或者性能等有突出的表现。从表中还可以看出，与一般贸易企业相比，需求指数和生产率与需求弹性和成本弹性对加工贸易企业出口额的交互影响更强。这可能是因为，"两头在外"的加工贸易企业，其全部或部分原材料购自境外，而其加工成品又销往境外，因此加工贸易企业需求弹性和成本弹性的影响较大。

表6-4的被解释变量为企业在出口目的地的市场份额。结果表明，无论一般贸易企业，还是加工贸易企业，需求指数和生产率对企业出口市场份额的影响及相对重要性与前文估计一致，即需求指数和生产率越高，企业出口市场份额越大；需求弹性和成本弹性越小，对于企业扩大出口市场份额，需求指数比生产率更重要。所以，区分不同的贸易方式并没有产生估计结果的差异。上述结果并没有发现"生产率悖论"现象。另外，从出口市场份额角度，相对于加工贸易企业（0.096，0.095），需求指数对一般贸易企业的影响更为明显（0.159，0.154）；而与一般贸易企业相比，需求指数和生产率与需求弹性和成本弹性对加工贸易企业的交互影响更强。这些结果均与表6-3一致。但值得注意的是，一般贸易企业组乘积项系数的显著水平降低，此时，需求弹性和成本弹性与需求指数和生产率的交互影响减弱。这可能是因为，在产品竞争激烈的国外市场，中国出口产品主要以低附加值产品为主体，因此当从绝对的出口额角度转到在国外市场所占份额角度之后，增加了其他因素例如国外市场竞争对手等方面的影响，从而使得一般贸易企业所受产品异质性和生产率与需求弹性和成本弹性的交互影响进一步减弱。

（2）内资企业与港澳台商及外商投资企业分组。

由于不同登记注册类型的企业在税收和准入等方面存在较多差异，有可能会影响产品异质性和生产率对企业出口深度边际的作用效果，因此本书把企业按照登记注册类型分为内资企业和港澳台商及外商投资企业（简称外资企业）两大类，进行分组估计。结果如表6-5和表6-6所示。表6-5的被解释变量为企业出口额，表6-6的被解释变量为企业出口市场份额。

表6-5　　　　　　按企业登记注册类型分组估计——出口额

项目	内资企业		港澳台商、外商投资企业	
	(1)	(2)	(1)	(2)
生产率	0.053 *** (0.020)	0.043 *** (0.020)	0.061 *** (0.010)	0.057 *** (0.010)
需求指数	0.196 *** (0.004)	0.189 *** (0.003)	0.108 *** (0.002)	0.106 *** (0.002)
企业规模	0.131 *** (0.007)	0.131 *** (0.007)	0.219 *** (0.005)	0.218 *** (0.005)
需求指数×需求弹性	-0.002 * (0.001)		-0.017 *** (0.001)	
生产率×需求弹性	0.046 *** (0.005)		0.045 *** (0.002)	
需求指数×成本弹性		-0.038 *** (0.008)		-0.129 *** (0.005)
生产率×成本弹性		0.314 *** (0.030)		0.311 *** (0.016)
Year dummy	Yes	Yes	Yes	Yes
Industry dummy	Yes	Yes	Yes	Yes
observations	43205	43205	57250	57250

注：被解释变量为取 log 形式的企业出口额；括号内为标准差；＊和＊＊＊表示参数的估计值在10%、1%的统计水平上显著；Yes 表示估计过程中加入了控制变量。

资料来源：估计结果由 Stata 15.0 计算所得。

表6-6 按企业登记注册类型分组估计——出口市场份额

项目	内资企业		港澳台商、外商投资企业	
	(1)	(2)	(1)	(2)
生产率	0.162 *** (0.046)	0.151 *** (0.047)	0.203 *** (0.023)	0.194 *** (0.023)
需求指数	0.202 *** (0.009)	0.197 *** (0.008)	0.106 *** (0.004)	0.103 *** (0.004)
企业规模	0.101 *** (0.014)	0.100 *** (0.014)	0.209 *** (0.010)	0.208 *** (0.010)
需求指数×需求弹性	-0.004 ** (0.003)		-0.014 *** (0.002)	
生产率×需求弹性	0.008 ** (0.010)		0.022 *** (0.005)	
需求指数×成本弹性		-0.013 *** (0.009)		-0.108 *** (0.011)
生产率×成本弹性		0.071 *** (0.039)		0.166 *** (0.036)
Year dummy	Yes	Yes	Yes	Yes
Industry dummy	Yes	Yes	Yes	Yes
observations	43205	43205	57250	57250

注：被解释变量为标准化处理后的企业出口市场份额；括号内为标准差； ** 、 *** 分别表示参数的估计值在5%、1%的统计水平上显著；Yes 表示估计过程中加入了控制变量。

资料来源：估计结果由 Stata 15.0 计算所得。

93

从表6-5可以得出，无论内资企业，还是外资企业，需求指数和生产率越高、企业出口额越大的估计结果仍然成立。相对于外资企业（0.108，0.106），内资企业通过加强产品特性来扩大出口额的影响更大（0.196，0.189）。内资企业分组需求指数与需求弹性的乘积项仅在10%的统计水平上显著，但其他交叉项的估计结果与前文估计结果基本一致，需求弹性和成本弹性越大，无论内资企业还是港澳台商、外商投资企业，相对于加强产品特性，提高生产率更能有效地扩大出口额。与内资企业相比，外资企业具有一定外向经营性，外资企业在中国投资建立工厂的目的在于利用较低的劳动力和土地等成本优势，其产品销往国外，因此往往已经具备了稳定的海外销售渠道；而内资企业往往以国内市场为主或者国内市场是其产品的主要销售市场，在开拓国外市场的过程中，与来自其他国家的产品进行竞争，再加上国外市场对进口产品质量、包装等方面较为苛刻的准入标准，加强产品特性对于试图扩大出口额的中国内资企业尤为重要。

表6-6的结果表明，从出口市场份额角度，需求指数对内资企业的影响（0.202，0.197）大于对港澳台商、外商投资企业的影响（0.106，0.103）。而生产率的作用效果正好相反，对港澳台商、外商投资企业的影响（0.203，0.194）大于对内资企业的影响（0.162，0.151）。尽管，内资企业组需求弹性与需求指数和生产率的交互作用较弱，但是，表6-6仍然表明，产品异质性和生产率对企业出口市场份额的影响估计中，企业登记注册类型的不同并没有产生明显的结果差异。而外资企业分组生产率系数绝对值较大，可能是因为，外资企业本身具有较强的技术优势和资本优势，再加上作为跨国企业的子企业与母企业千丝万缕的联系，在中国投资设厂的外资企业主要的目的是降低生产成本，尤其在国外激烈的市场竞争中，在不缺乏技术、资本等优势的情况下，如果再具备成本优势，才能进一步扩大其市场份额，因此提高生产率降低生产成本对中国外资企业出口市场份额的影响较为明显。

（3）出口到不同出口目的地的企业分组。

不同的出口目的地代表着不同的运输成本、市场环境和消费偏好。比如，一个目标市场在美国的企业和一个其产品主要出口欧盟的企业，产品异质性和生产率对这两个企业出口深度边际的影响是否相同，会有怎样的差异？因此，根据运输距离和收入水平，本书把中国企业出口的主要国家和地区分为以下四组：美国/加拿大、欧盟、日本/韩国、亚洲其他国家或地区。

表6-7的被解释变量为企业出口额。解释变量系数符号与理论预测相一致，除了需求指数与需求弹性乘积项系数符号为负以外，其他解释变量系数符号均为正。

表6-7 按出口目的地分组估计——出口额

项目	美国/加拿大 (1)	美国/加拿大 (2)	欧盟 (1)	欧盟 (2)	日本/韩国 (1)	日本/韩国 (2)	亚洲其他国家或地区 (1)	亚洲其他国家或地区 (2)
生产率	0.079 *** (0.020)	0.070 *** (0.020)	0.054 ** (0.024)	0.032 * (0.024)	0.059 ** (0.018)	0.016 ** (0.018)	0.239 ** (0.016)	0.037 ** (0.017)
需求指数	0.132 *** (0.004)	0.127 *** (0.004)	0.150 *** (0.005)	0.146 *** (0.005)	0.111 *** (0.003)	0.108 *** (0.003)	0.151 *** (0.003)	0.149 *** (0.003)
企业规模	0.178 *** (0.008)	0.177 *** (0.008)	0.196 *** (0.009)	0.196 *** (0.009)	0.192 *** (0.008)	0.192 *** (0.008)	0.193 *** (0.007)	0.192 *** (0.007)
需求指数 × 需求弹性	−0.016 *** (0.002)		−0.007 ** (0.002)		−0.015 *** (0.001)		−0.009 *** (0.001)	
生产率 × 需求弹性	0.046 *** (0.005)		0.060 *** (0.005)		0.057 *** (0.004)		0.054 (0.004)	
需求指数 × 成本弹性		−0.134 *** (0.011)		−0.066 *** (0.011)		−0.123 *** (0.009)		−0.077 *** (0.007)
生产率 × 成本弹性		0.326 *** (0.031)		0.438 *** (0.037)		0.365 *** (0.029)		0.367 *** (0.025)
Year dummy	Yes	Yes	Yes	Yes	Yes	Yes	Yes	Yes
Industry dummy	Yes	Yes	Yes	Yes	Yes	Yes	Yes	Yes
observations	16193	16193	13996	13996	19406	19406	27009	27009

注：被解释变量为取 log 形式的企业出口额；括号内为标准差；*、** 和 *** 表示参数的估计值在 1% 的统计水平上显著；Yes 表示估计过程中加入了控制变量。

资料来源：估计结果由 Stata 15.0 计算所得。

对比四组出口目的地的估计结果，美国/加拿大分组无论需求指数、生产率还是乘积项的系数均高度显著且绝对值较大。美国一直是中国产品出口的最大单一国市场，中国对美国市场具有高度依赖性，因此美国市场产品差别化程度等对中国出口企业出口额影响较大也就不难理解。虽然中美贸易摩擦时有发生，但是中美始终是对方最重要的贸易伙伴之一。根据中国商务部贸易统计数据，2019 年上半年，尽管中国对美国出口比重下降至约 11%，美国在中国出口贸易额中位居第二，仅次于欧盟，美国仍然是中国产品出口的最大单一国市场。一直以来，中国出口美国的产品主要集中在机电产品、家具、玩具、鞋帽、服装以及除服装外的纺织制品等行业。同时，美国和加拿大无论从市场结构、消费偏好还是与中国的地理距离都具有高度相似性，在美国/加拿大市场，中国出口企业面临的竞争，除了来自亚洲、拉丁美洲等劳动成本较低国家企业，还有来自意大利等欧洲国家的高品质产品竞争，因此与出口到其他目标市场的企业相比，对出口到美国/加拿大的中国企业来说，提高产品质量、功能、外观设计等特性和提高生产率降低成本都尤为重要。

与美国/加拿大分组估计结果相比，欧盟分组估计结果中需求指数与全要素生产率系数比值较大，对出口目的地为欧盟的中国企业来说，产品异质性对企业出口额影响更大，提高产品特性比降低产品成本更有利于企业扩大出口额。作为中国主要出口目的地之一的欧盟，包含国家众多，发达程度较高，各国经济发展水平较为平均，市场需求除了关注产品成本，更多地考虑产品质量等特性。虽然，欧盟对中国产品一直有所限制，但仍然是中国出口企业最重要的出口目的地之一。与美国/加拿大分组不同的是，欧盟成员国家相对较小，语言、文化等方面保持了更多的个性，市场需求也更加多样化。因此，产品出口到欧盟的中国企业，要更加侧重产品质量、功能以及外观设计等产品特性的提高，才能挖掘出更大的市场潜力。

相对于前两组出口目的地来说，日本/韩国分组需求指数与全要素生产率的系数比值最小。这意味着，在日本/韩国市场，产品异质性和生产率对企业出口额影响的相对重要性并不太明显。日本韩国市场具有一定的地缘优势，但与中国出口产品结构有一定的相似性，再加上，中国出口企业在日本韩国市场面临的竞争，除了来自越南、泰国、印度尼西亚等，还有美国、意大利，另外还有来自日本、韩国本国企业的竞争，所以中国出口企业在加强产品特性和降低产品成本方面都面临激烈的竞争。

亚洲其他国家或地区分组需求指数和全要素生产率系数比值小于1，也就是说相对前三个分组，生产率的相对重要性显著。产品出口到亚洲其他国家或地区的中国企业，产品成本是更值得关注的问题。亚洲其他国家或地区的经济发展水平差距较大，人均收入水平较低，而且大部分国家属于外向型经济发展模式，对外依赖度较高，再加上印度、马来西亚、泰国以及越南等国本国低廉的劳动力成本，因此，这些国家市场需求更倾向于低成本产品。中国企业出口这些国家，在生产策略上，首要考虑必然是提高生产率降低产品成本。

表6-8的被解释变量为出口市场份额。欧盟组生产率系数不显著，但不考虑乘积项的情况下，其系数为0.275，标准差为0.021，在1%的统计水平高度显著，仍然不可以忽略生产率的影响，只是生产率作用效果受需求弹性和成本弹性的影响较大。

目的地为美国/加拿大的企业，生产率对其出口市场份额影响最大（0.140，0.126）；出口目的地为美国/加拿大、欧盟的企业，需求指数的影响较高（0.148，0.144，0.155，0.150）。这表明，产品出口到美国/加拿大的企业，产品异质性和生产率都发挥了重要作用。值得注意的是，亚洲其他国家或地区分组生产率和需求指数系数绝对值较大且高度显著、乘积项系数绝对值较小、显著水平较低。这可能因为，中国与亚洲除日本/韩国外的其他国家或地区，尽管具有一定的地缘优势，但在出口产品结构上较为相似，中国产品对这些国家和地区市场的依赖性较弱。同时，在劳动成本不断提高的情况下，中国出口企业要想在这些国家或地区扩大产品的市场份额，增加产品异质性和提高生产率的直接作用也就比较明显。

对比各组需求指数与生产率系数比值发现，被解释变量从企业出口额变成企业出口市场份额后，结果基本一致：美国/加拿大以及日本/韩国两个分组的需求指数与生产率系数比值较低，欧盟分组这一比值最大，亚洲其他国家或地区分组的这一比值小于1。中国企业在美国/加拿大以及日本/韩国市场，面临的来自发达国家高质量产品竞争，与来自劳动成本较低国家产品的竞争都较为激烈，出口目的地为美国、加拿

97

表6－8　按出口目的地分组估计——出口市场份额

项目	美国/加拿大		欧盟		日本/韩国		亚洲其他国家或地区	
	(1)	(2)	(1)	(2)	(1)	(2)	(1)	(2)
生产率	0.140*** (0.031)	0.126*** (0.032)	0.018 (0.043)	0.009 (0.044)	0.039** (0.027)	0.042** (0.027)	0.261*** (0.036)	0.268*** (0.036)
需求指数	0.148*** (0.006)	0.144*** (0.006)	0.155*** (0.008)	0.150*** (0.008)	0.099*** (0.005)	0.096*** (0.004)	0.137*** (0.006)	0.136*** (0.006)
企业规模	0.167*** (0.012)	0.166*** (0.012)	0.171*** (0.015)	0.171*** (0.015)	0.169*** (0.012)	0.169*** (0.012)	0.217*** (0.014)	0.216*** (0.014)
需求指数×需求弹性	-0.009*** (0.002)		-0.001** (0.003)		-0.013*** (0.002)		-0.015*** (0.002)	
生产率×需求弹性	0.041*** (0.007)		0.064*** (0.009)		0.047*** (0.006)		0.001 (0.008)	
需求指数×成本弹性		-0.075*** (0.016)		-0.009 (0.020)		-0.107*** (0.013)		-0.114*** (0.016)
生产率×成本弹性		0.298*** (0.049)		0.452*** (0.065)		0.310*** (0.043)		0.009 (0.055)
Year dummy	Yes	Yes	Yes	Yes	Yes	Yes	Yes	Yes
Industry dummy	Yes	Yes	Yes	Yes	Yes	Yes	Yes	Yes
observations	16193	16193	13996	13996	19406	19406	27009	27009

注：被解释变量为标准化处理后的企业出口市场份额；括号内为标准差；**、***分别表示参数的估计值在5%、1%的统计水平上显著；Yes表示估计过程中加入了控制变量。

资料来源：估计结果由Stata 15.0计算所得。

大、日本和韩国等国家的中国企业，为扩大出口，在生产决策上，不仅要重视提高生产率降低产品成本，还要不断加强产品特性，以满足市场需求。欧盟国家由于历史地理等因素，有着较高的收入水平和更为多样化的需求，出口目的地为欧盟的中国企业，加强产品特性相对降低产品成本更有利于其增加市场份额。出口到亚洲其他国家或地区的企业，降低产品成本扩大出口的效果更加明显。另外，表示市场结构特征之一的产品差别程度的需求弹性与产品异质性和生产率的交互作用不够明显，这可能是由于在区分了不同出口目的地的情况下，剥离了部分市场结构特性。

6.3　基于企业出口深度边际的稳健性检验

为检验上述结果的稳健性，本节以单位价值代替需求指数来衡量产品异质性，并使用 P 方法估计全要素生产率，对企业出口的深度边际重新进行估计。关于采用单位价值作为产品异质性或者产品质量的衡量指标参照斯考特（Schott，2004）以及阿拉（Halllak，2006），产品质量越高、性能越强或者具有名牌效应等，单位价值往往越高。单位价值通过将企业出口交货值除以出口数量获得。

表 6 - 9 报告了被解释变量为企业出口额时的稳健性检验结果。加入单位价值前后，生产率的系数从 0.100 下降到 0.087，企业规模的系数从 0.308 下降到 0.289。表 6 - 9 中的列（3）显示的单位价值和生产率与需求弹性乘积项符号与表 6 - 1 中一致，验证了产品异质性和生产率对企业出口额影响的相对重要性与需求弹性有关，需求弹性越小，加强产品特性越能扩大企业出口额，需求弹性越大，通过提高生产率扩大企业出口额的效果越明显。

表 6 - 9　　　　　　　　深度边际——出口额稳健性检验

项目	稳健性检验结果			
	（1）	（2）	（3）	（4）
生产率（OP）	0.100 *** (0.006)	0.087 *** (0.005)	0.057 *** (0.011)	0.052 *** (0.011)

项目	稳健性检验结果			
	(1)	(2)	(3)	(4)
单位价值		0.149 *** (0.003)	0.170 *** (0.006)	0.168 *** (0.007)
企业规模	0.308 *** (0.005)	0.289 *** (0.004)	0.289 *** (0.004)	0.289 *** (0.004)
单位价值×需求弹性			−0.005 *** (0.001)	
生产率 (OP) × 需求弹性			0.008 *** (0.003)	
单位价值×成本弹性				−0.032 *** (0.009)
生产率 (OP) × 成本弹性				0.063 *** (0.018)
Year dummy	Yes	Yes	Yes	Yes
Industry dummy	Yes	Yes	Yes	Yes
observations	100538	100538	100538	100538

注：被解释变量为取 log 形式的企业出口额；括号内为标准差； *** 表示参数的估计值在 1% 的统计水平上显著；Yes 表示估计过程中加入了控制变量。
资料来源：估计结果由 Stata 15.0 计算所得。

表 6 - 10 报告了被解释变量为企业在出口目的地市场份额时的稳健性检验结果。加入反映产品异质性的单位价值前后，生产率的系数从 0.119 下降到 0.104，企业规模的系数从 0.307 下降到 0.291。单位价值与需求弹性以及成本弹性的乘积项系数符号为负，生产率与需求弹性以及成本弹性的乘积项符号为正。这些关键结果都与表 6 - 2 中一致，验证了产品异质性和生产率对企业出口市场份额影响的稳健性。

表 6 - 10　　　　深度边际——出口市场份额稳健性检验

项目	稳健性检验结果			
	(1)	(2)	(3)	(4)
生产率 (OP)	0.119 *** (0.012)	0.104 *** (0.012)	0.121 *** (0.025)	0.116 *** (0.025)

项目	稳健性检验结果			
	(1)	(2)	(3)	(4)
单位价值		0.113 *** (0.006)	0.081 *** (0.013)	0.078 *** (0.013)
企业规模	0.307 *** (0.008)	0.291 *** (0.008)	0.291 *** (0.008)	0.291 *** (0.008)
单位价值×需求弹性			− 0.008 *** (0.003)	
生产率（OP）×需求弹性			0.005 *** (0.001)	
单位价值×成本弹性				− 0.056 *** (0.019)
生产率（OP）×成本弹性				0.021 *** (0.009)
Year dummy	Yes	Yes	Yes	Yes
Industry dummy	Yes	Yes	Yes	Yes
observations	100538	100538	100538	100538

注：被解释变量为标准化处理后的企业出口市场份额；括号内为标准差； *** 表示参数的估计值在1%的统计水平上显著；Yes 表示估计过程中加入了控制变量。

资料来源：估计结果由 Stata 15.0 计算所得。

表6－9和表6－10共同从企业出口深度边际验证了前文所得产品异质性和生产率对企业出口绩效影响效果的稳健性。产品异质性和生产率对企业出口深度边际都有着重要影响。产品特性越强、生产率越高的企业，其出口额也就越大、在出口目的地的市场份额也相应越大。当出口目的地市场产品差别程度较大、加强产品特性所引起的边际成本增加较少时，相对于提高生产率，加强产品特性更有利于扩大企业出口深度边际；当出口目的地市场产品比较单一、加强产品特性所引起的边际成本增加较多时，相对于加强产品特性，企业通过提高生产率来扩大企业出口深度边际的效果更明显。

6.4 本章小结

本章从企业出口深度边际角度考察产品异质性和生产率对企业出口绩效的影响。采用两个指标衡量企业出口的深度边际：企业年度出口额和企业在出口目的地的年度市场份额。在实证模型中，解释变量依次加入生产率、表示产品异质性的需求指数、需求弹性与生产率和需求指数的乘积项以及成本弹性与生产率和需求指数的乘积项，并且对被解释变量进行了标准化处理。在对全体样本进行检验之后，又按照贸易方式、企业登记注册类型以及出口目的地等标准将全样本划分为不同组别进行分组估计，最后对全样本估计结果进行稳健性检验。在稳健性检验中，用其他方法重新估计了产品异质性和生产率，所得结果验证了全样本估计结果的稳健性。

本章的实证分析主要得到四个结论。第一，企业产品特性越强、生产率越高，企业出口额越大、企业在出口目的地所占市场份额越大，即产品异质性和生产率对企业出口的深度边际扩张都发挥了重要作用，并不存在"生产率悖论"的现象。第二，出口目的地市场需求弹性越小、企业加强产品特性所引起的边际成本增加越少，相对于生产率，产品异质性对企业出口深度边际扩张的作用越强，反过来，出口目的地市场产品越趋同、企业加强产品特性的成本弹性越大，相对于产品异质性，生产率扩大企业出口深度边际的效果更明显。第三，从贸易方式来看，一般贸易企业出口额和出口市场份额受产品异质性和生产率的直接影响较大、受需求弹性和成本弹性与产品异质性和生产率的交互影响较小，加工贸易企业出口额和出口市场份额受产品异质性和生产率的直接影响较小、受需求弹性和成本弹性与产品异质性和生产率的交互影响较大。第四，从企业登记注册类型来看，内资企业的出口额和出口市场份额受产品异质性直接影响较大，外资企业的出口额和市场份额受生产率的直接影响较大。第五，从主要出口目的地来看，出口目的地为美国、加拿大、日本和韩国的企业，产品异质性和生产率在企业出口深度边际扩张中都发挥了重要作用；出口目的地为欧盟的企业，产品异质性对企业出口深度边际的影响相对更为重要；出口目的地为亚洲其他国家或地区的企业，生产率对企业出口深度边际的影响相对更为重要。

本章针对产品异质性和生产率对企业出口深度边际的作用以及相对重要性进行了较为细致的检验，无论对总体样本的估计，还是分组估计，都得到了较为一致的结果。同时，在分组估计中，发现了与企业贸易方式、登记注册类型以及出口目的地等方面相关的结果，并根据事实给出了相应解释。由于数据和分析方法等方面的限制，本章的研究分析仍然存在改进空间，在未来需要进一步完善和继续探究。

第7章 基于企业出口广度边际的实证分析

本章从企业出口广度边际角度考察产品异质性和生产率对企业出口绩效的影响。采用两个指标衡量企业出口的广度边际：其一是企业出口产品种数，其二是企业出口目的地个数。因为被解释变量均为有序离散变量，所以使用有序概率选择模型（ordered probit model，oprobit）考察企业出口的广度边际。首先建立实证分析的计量模型，然后进行全样本估计和分组估计，最后进行稳健性检验。

7.1 基于企业出口广度边际的计量模型

企业 i 在时间 t 的出口总利润表示为：

$$\Pi_{it} = X'_{it}\rho + \iota_{it} - F_n \qquad (7.1)$$

其中，X'_{it} 是表示企业特征的向量，包括企业规模、生产率和需求指数。ι_{it} 为独立同分布的出口利润冲击，服从正态分布。当被解释变量为产品种数时，F_n 表示企业在目标市场出口 n 种产品的固定成本；当被解释变量为出口目的地个数时，F_n 表示企业产品出口到 n 个出口目的地的总固定成本。满足 $F_n < X'_{it}\rho + \iota_{it} < F_{n+1}$ 的企业选择出口 n 种产品或者选择出口到 n 个目标市场，则企业出口 j(j = 1，2，…，n) 种产品或者出口到 k(k = 1，2，…，n) 个出口目的地对应概率表示为：

$$Pr(N = 1) = \Phi(F_1 - X'_{it}\rho)$$

$$Pr(N = 2) = \Phi(F_2 - X'_{it}\rho) - \Phi(F_1 - X'_{it}\rho)$$

$$\cdots\cdots$$

$$Pr(N = n - 1) = \Phi(F_{n-1} - X'_{it}\rho) - \Phi(F_{n-2} - X'_{it}\rho)$$

$$Pr(N = n) = 1 - \Phi(F_{n-1} - X'_{it}\rho) \tag{7.2}$$

其中，$\Phi(*)$ 为 ι_{it} 的分布函数。由于具有 j 种可能的有序概率模型可以得到一组包含 j－1 个截距项的系数，有序概率模型所得系数的符号表示潜在变量 Π_{it} 是否随着解释变量 X'_{it} 的增加而增加，但此处的系数并非边际效应（线性模型中所得系数即为边际效应）。因此还要根据所得系数计算有序概率模型的边际效应。X'_{it} 所包含的企业特征向量均为连续变量，则边际效应为：

$$\frac{\partial Pr(N = 1)}{\partial X_{it}} = \rho\Phi'(F_1 - X'_{it}\rho)$$

$$\frac{\partial Pr(N = 2)}{\partial X_{it}} = \rho[\Phi'(F_1 - X'_{it}\rho) - \Phi'(F_2 - X'_{it}\rho)]$$

$$……$$

$$\frac{\partial Pr(N = n - 1)}{\partial X_{it}} = \rho[\Phi'(F_{n-2} - X'_{it}\rho) - \Phi'(F_{n-1} - X'_{it}\rho)]$$

$$\frac{\partial Pr(N = n)}{\partial X_{it}} = \rho[\Phi'(F_{n-1} - X'_{it}\rho) - \Phi'(F_n - X'_{it}\rho)] \tag{7.3}$$

由于有序概率模型自身的特点，与第 6 章不同，本章并不依次加入关键变量及相关乘积项，而是同时加入需求指数、全要素生产率、企业规模以及需求弹性和成本弹性与需求指数和全要素生产率的乘积项。为了避免由于需求弹性和成本弹性之间高度相关性可能造成的使得乘积项的估计系数统计上不显著等问题，参照欧和李（Aw and Lee，2017）的处理方法，本章对乘积项进行了相应处理。首先，计算弹性高和低的临界值 σ_0 和 γ_0。需求弹性高低的临界值的选取，取全样本均值，将样本中大于均值的部分再取均值，令其为 σ_0。成本弹性高低的临界值的选取，取全样本均值，将样本中小于均值的部分再取均值，令其为 γ_0。然后，引入两个虚拟变量 $D_{H\sigma}$、$D_{H\gamma}$，如果企业面临的需求弹性大于需求弹性高低临界值 σ_0，则令 $D_{H\sigma} = 1$，其他情况，$D_{H\sigma} = 0$；如果企业面临的成本弹性大于成本弹性高低临界值 γ_0，则令 $D_{H\gamma} = 1$，其他情况，$D_{H\gamma} = 0$。最后，将虚拟变量 $D_{H\sigma}$、$D_{H\gamma}$ 与需求指数和全要素生产率的乘积项与企业特征变量一起引入上述有序概率模型。企业出口广度边际变量的描述性统计特征如表 7－1 所示。

表 7 – 1　　　　　　　　　　广度边际变量描述性统计特征

出口产品种数		出口目的地个数		$D_{H\sigma}$		$D_{H\gamma}$	
频率 （Freq.）	值 （Value）	频率 （Freq.）	值 （Value）	频率 （Freq.）	值 （Value）	频率 （Freq.）	值 （Value）
74596	1	37840	1	57349	0	53745	0
13710	2	28617	2	43189	1	46793	1
12232	3	18001	3				
		9424	4				
		4608	5				
		1664	6				
		384	7				

资料来源：由 Stata 15.0 计算所得。

7.2　基于企业出口广度边际的估计结果

7.2.1　基本估计结果

表 7 – 2 报告了产品种类广度边际的系数和边际效应的估计结果。当 N = 1 时，解释变量的边际效应均为负；当 N = 2 和 N = 3 时，边际效应均为正。具体来说，生产率每提高一个单位，企业选择只出口一种产品的概率减少 0.018，也可以说选择出口多种产品的概率增加 0.018，其中，出口两种产品的概率增加 0.011，出口三种及以上产品的概率增加 0.007。需求指数每提高一个单位，企业选择只出口一种产品的概率减少 0.016，出口多种产品的概率增加 0.016，其中，出口两种产品的概率增加 0.010，出口三种及以上产品的概率增加 0.006。企业规模每扩大一个单位，企业选择只出口一种产品的概率减少 0.035，出口多种产品的概率也就增加 0.035，其中出口两种产品的概率增加 0.022，出口三种及以上产品的概率增加 0.013。这些结果表明，企业出口产品种数越多，对企业生产率和产品异质性的要求也就越高。

表 7 – 2　　　　　　　　　　广度边际——出口产品种数

项目	系数	边际效应		
		Pr(N = 1)	Pr(N = 2)	Pr(N = 3)
生产率	0.058 *** (0.005)	− 0.018 *** (0.002)	0.011 *** (0.001)	0.007 *** (0.001)
需求指数	0.050 *** (0.011)	− 0.016 *** (0.003)	0.010 *** (0.002)	0.006 *** (0.001)
企业规模	0.112 *** (0.003)	− 0.035 *** (0.001)	0.022 *** (0.001)	0.013 *** (0.001)
需求指数 × $D_{H\sigma}$	− 0.094 *** (0.026)	切点		
生产率 × $D_{H\sigma}$	0.189 *** (0.014)	Cut1	1.718 *** (0.024)	
需求指数 × $D_{H\gamma}$	− 0.057 *** (0.024)	Cut2	2.258 *** (0.024)	
生产率 × $D_{H\gamma}$	0.041 *** (0.014)			
Observations	100538			

注：被解释变量为企业出口产品种数；括号内为标准差； *** 表示参数的估计值在 1% 的统计水平上显著。

资料来源：估计结果由 Stata 15.0 计算所得。

　　生产率和需求指数与需求弹性的乘积项系数符号一正一负，这意味着，尽管需求指数和生产率都对企业出口的产品种类广度边际有着显著影响，但这两者的相对重要性与目标市场的产品差别化程度有关。目标市场的替代弹性越大，即替代品越多，提高生产率以降低成本越有利于企业增加出口产品种类。生产率和成本弹性的乘积项系数符号为正，表明生产率对企业出口产品种数的影响随着成本弹性的增加而加强。需求指数和成本弹性乘积项的系数为负，表明产品异质性对企业出口产品种数的影响随着成本弹性的增加而减弱。另外，切点值（Cut1 和 Cut2）在 1% 的统计水平上显著区别于 0 并且彼此显著不同，表明企业出口产品种类的增加是渐进的。随着企业产品特性的不断加强和生产率的不断提高,企业出口产品范围不断扩大。当目标市场产品差别程度较大时,与提高生产率降低产品成本相比,加强产品特性,例如提高产品质量、升级产品功能、改进产品外观以及提升产品知名度等,更有利于企业扩大出口产品范围。当加强产品特性的成本弹性较大时,加强产品特性所引起的成本增加较多,价格上涨幅度较大,加强产品特性扩大企业出口产品范围的效果就会削弱。

表 7-3 报告了被解释变量为出口目的地个数时的估计结果。当 N=1 时,解释变量的边际效应均为负;当 N=2、N=3 和 N=4 时,边际效应均为正。具体来说,生产率每提高一个单位,企业出口目的地单一的可能性减少 0.024,企业出口目的地为多个的可能性增加 0.024,其中,企业出口目的地为两个的可能性增加 0.015,企业出口目的地为三个的可能性增加 0.008,企业出口目的地为四个的可能性增加 0.001。需求指数每提高一个单位,企业出口目的地单一的可能性减少 0.050,企业出口目的地为多个的可能性增加 0.050,其中,企业出口目的地为两个的可能性增加 0.032,企业出口目的地为三个的可能性增加 0.016,企业出口目的地为四个的可能性增加 0.002。企业规模每提高一个单位,企业出口目的地单一的可能性减少 0.042,企业出口目的地为多个的可能性增加 0.042,其中,企业出口目的地为两个的可能性增加 0.027,企业出口目的地为三个的可能性增加 0.014,企业出口目的地为四个的可能性增加 0.001。切点值(Cut1、Cut2 和 Cut3)均高度显著,并且依次增加,这表明,随着出口目的地个数的增加,企业固定成本也在不断增加,而且,增加幅度大于在同一个出口目的地增加产品种数时的情形。

表 7-3 广度边际——出口目的地个数

项目	系数	边际效应			
		Pr(N=1)	Pr(N=2)	Pr(N=3)	Pr(N=4)
生产率	0.065 *** (0.004)	- 0.024 *** (0.001)	0.015 *** (0.001)	0.008 *** (0.001)	0.001 *** (0.001)
需求指数	0.137 *** (0.009)	- 0.050 *** (0.003)	0.032 *** (0.002)	0.016 *** (0.001)	0.002 *** (0.001)

项目	系数	边际效应			
		Pr(N = 1)	Pr(N = 2)	Pr(N = 3)	Pr(N = 4)
企业规模	0. 114 *** (0. 002)	− 0. 042 *** (0. 001)	0. 027 *** (0. 001)	0. 014 *** (0. 001)	0. 001 *** (0. 001)
需求指数 × $D_{H\sigma}$	− 0. 205 ** (0. 101)	切点			
生产率 × $D_{H\sigma}$	0. 027 *** (0. 010)	Cut1	0. 874 *** (0. 020)		
需求指数 × $D_{H\gamma}$	− 0. 124 * (0. 100)	Cut2	1. 633 *** (0. 020)		
生产率 × $D_{H\gamma}$	0. 024 ** (0. 010)	Cut3	2. 238 *** (0. 020)		
Observations	100538				

注：被解释变量为企业出口目的地个数；括号内为标准差； ** 、 *** 分别表示参数的估计值在 5% 、1% 的统计水平上显著。

资料来源：估计结果由 Stata 15. 0 计算所得。

　　需求指数的系数为 0. 137，与企业出口产品种数广度边际相比，需求指数对出口目的地个数的影响明显增加。也就是说，企业在寻求海外市场个数的扩张中，与降低产品成本相比，加强产品质量、功能、外观或者知名度等产品特性的作用更为重要。值得注意的是，成本弹性与需求指数乘积项系数在 10% 的统计水平上显著、与生产率的乘积项系数只在 5% 的统计水平上显著，表明成本弹性在出口目的地个数决策中与需求指数和生产率的交互影响有限。这是因为，企业在扩张出口目的地过程中，目标市场产品差别程度与消费者偏好对企业决策十分重要，不仅影响到其产品是否能够成功进入也会影响其销量；而此时，成本弹性的影响将大大减弱，即使提高产品异质性所引起的边际成本增加较多，提高产品异质性和提高生产率都对企业十分重要，开拓新的国际市场对产品异质性和生产率都有较高的要求。

7.2.2　分组估计结果

与第 6 章相对应，基于企业出口广度边际视角，本节分别将样本区分为一般贸易企业和加工贸易企业、内资企业和港澳台商外商投资企业、出口到不同出口目的地的企业进行分组估计。

（1）一般贸易企业与加工贸易企业分组。

表 7-4 报告了从企业出口产品种数广度边际角度按贸易方式分组的估计结果。无论一般贸易企业还是加工贸易企业，生产率、需求指数和企业规模的系数均为正且高度显著，需求指数与需求弹性和成本弹性乘积项系数符号均为负、生产率与需求弹性和成本弹性乘积项系数符号均为正。这些结果与全样本估计结果一致，无论是一般贸易还是加工贸易，产品异质性越大、生产率越高以及规模越大的企业，其出口产品种数往往也越多。而产品异质性和生产率在企业出口产品种数决策中的相对重要性又与需求弹性和成本弹性相关：需求弹性和成本弹性越小，产品异质性的作用更明显，反之，生产率的作用更明显。

110

表 7-4　　　　　　　按贸易方式分组估计——出口产品种数

一般贸易企业	系数	边际效应		
		$Pr(N=1)$	$Pr(N=2)$	$Pr(N=3)$
生产率	0. 104 *** (0. 007)	-0. 031 *** (0. 002)	0. 019 *** (0. 001)	0. 012 *** (0. 001)
需求指数	0. 054 *** (0. 016)	-0. 016 *** (0. 005)	0. 010 *** (0. 003)	0. 006 *** (0. 002)
企业规模	0. 130 *** (0. 003)	-0. 038 *** (0. 001)	0. 023 *** (0. 001)	0. 015 *** (0. 001)
需求指数 $\times D_{H\sigma}$	-0. 095 ** (0. 051)	切点		
生产率 $\times D_{H\sigma}$	0. 036 *** (0. 006)	Cut1	1. 913 *** (0. 030)	

一般贸易企业	系数	边际效应		
		Pr(N = 1)	Pr(N = 2)	Pr(N = 3)
需求指数 × $D_{H\gamma}$	- 0. 057 * (0. 042)	Cut2	2. 474 *** (0. 030)	
生产率 × $D_{H\gamma}$	0. 174 *** (0. 007)			
Observations	60844			

加工贸易企业	系数	边际效应		
		Pr(N = 1)	Pr(N = 2)	Pr(N = 3)
生产率	0. 052 *** (0. 008)	- 0. 017 *** (0. 003)	0. 011 *** (0. 002)	0. 006 *** (0. 001)
需求指数	0. 041 *** (0. 015)	- 0. 013 *** (0. 005)	0. 008 *** (0. 003)	0. 005 *** (0. 002)
企业规模	0. 092 *** (0. 005)	- 0. 029 *** (0. 001)	0. 019 *** (0. 001)	0. 010 *** (0. 001)
需求指数 × $D_{H\sigma}$	- 0. 173 *** (0. 068)	切点		
生产率 × $D_{H\sigma}$	0. 111 *** (0. 009)	Cut1	1. 495 *** (0. 041)	
需求指数 × $D_{H\gamma}$	- 0. 102 *** (0. 057)	Cut2	2. 011 *** (0. 041)	
生产率 × $D_{H\gamma}$	0. 221 *** (0. 010)			
Observations	39611			

注：被解释变量为企业出口产品种数；括号内为标准差；＊、＊＊和＊＊＊分别表示参数的估计值在 10%、5% 和 1% 的统计水平上显著。

资料来源：估计结果由 Stata 15. 0 计算所得。

值得注意的是，与一般贸易企业相比，加工贸易企业生产率、需求指数的绝对值明显偏小，而乘积项系数的绝对值明显偏大。这意味着，产品异质性和生产率对一般贸易企业出口产品种类的直接影响更大，而产品异质性和生产率对加工贸易企业的作用更容易受到目标市场产品差别化程度和加强产品特性所引起的边际成本增加多少的影响。可能的原因有两个：首先，加工贸易的料件保税特征大大降低了加工贸易企业的运行成本，并且加工贸易企业主要是按照境外市场的订单生产，尽管产品异质性和生产率在加工贸易企业出口产品种数决策中也发挥了重要作用，但与一般贸易企业相比，作用较小；其次，"两头在外"的加工贸易企业，其全部或部分原材料购自境外，而其加工成品又销往境外，因此加工贸易企业受境外市场需求弹性和成本弹性的影响较大，而一般贸易企业的产品除了销往境外往往还会在国内销售，不仅受境外市场需求弹性的影响还受国内市场需求弹性的影响。

生产率、需求指数和企业规模的边际效应与系数相对应，系数的绝对值越大，边际效应的绝对值也越大。边际效应的符号，N＝1 时，均为负；N＝2 和 N＝3 时，均为正。以生产率为例，生产率每提高一个单位，一般贸易企业选择只出口一种产品的概率就减少 0.031，选择出口多种产品的概率就增加 0.031，其中，出口两种产品的概率增加 0.019，出口三种及以上产品的概率增加 0.012。而对于加工贸易企业，生产率每提高一个单位，选择只出口一种产品的概率就减少 0.017，选择出口多种产品的概率就增加 0.017，其中，出口两种产品的概率增加 0.011，出口三种及以上产品的概率增加 0.006。另外，根据实证模型的构建，切点值（Cut1 和 Cut2）表示固定成本的门槛值，结果表明，一般贸易企业的切点值大于相应加工贸易企业的切点值，加工贸易企业在扩大出口产品种数时投入的固定成本较少。这是因为加工贸易企业本身的特点使得其在对出口市场探索、对国外消费者需求的挖掘以及销售渠道的建立等方面都要花费较少的成本，而这些都是出口固定成本的来源。

表 7－5 报告了从企业出口目的地个数广度边际角度按贸易方式分组的估计结果。系数和边际效应的符号与表 7－4 一致。无论一般贸易企业还是加工贸易企业，生产率和需求指数都在企业出口目的地个数决策中发挥了重要作用。

表7-5　　　　　　　　　　按贸易方式分组估计——出口目的地个数

一般贸易企业	系数	边际效应			
		Pr(N=1)	Pr(N=2)	Pr(N=3)	Pr(N=4)
生产率	0.020 *** (0.005)	-0.007 *** (0.002)	0.005 *** (0.001)	0.002 *** (0.001)	0.000 *** (0.000)
需求指数	0.173 *** (0.013)	-0.062 *** (0.005)	0.041 *** (0.003)	0.021 *** (0.002)	0.000 *** (0.000)
企业规模	0.110 *** (0.003)	-0.040 *** (0.001)	0.026 *** (0.001)	0.013 *** (0.001)	0.001 *** (0.001)
需求指数 × $D_{H\sigma}$	-0.293 ** (0.044)	切点			
生产率 × $D_{H\sigma}$	0.044 *** (0.005)	Cut1	0.725 *** (0.024)		
需求指数 × $D_{H\gamma}$	-0.073 ** (0.035)	Cut2	1.488 *** (0.024)		
生产率 × $D_{H\gamma}$	0.098 *** (0.006)	Cut3	2.118 *** (0.025)		
Observations	60844				
加工贸易企业	系数	边际效应			
		Pr(N=1)	Pr(N=2)	Pr(N=3)	Pr(N=4)
生产率	0.119 *** (0.007)	-0.044 *** (0.002)	0.027 *** (0.001)	0.013 *** (0.001)	0.004 *** (0.001)
需求指数	0.096 *** (0.013)	-0.035 *** (0.005)	0.021 *** (0.003)	0.011 *** (0.001)	0.003 *** (0.001)
企业规模	0.130 *** (0.004)	-0.048 *** (0.001)	0.029 *** (0.001)	0.015 *** (0.001)	0.004 *** (0.001)
需求指数 × $D_{H\sigma}$	-0.175 *** (0.058)	切点			
生产率 × $D_{H\sigma}$	0.014 *** (0.007)	Cut1	1.184 *** (0.034)		

加工贸易企业	系数	边际效应			
		$Pr(N=1)$	$Pr(N=2)$	$Pr(N=3)$	$Pr(N=4)$
需求指数 $\times D_{H\gamma}$	-0.031 (0.048)	Cut2	1.945*** (0.035)		
生产率 $\times D_{H\gamma}$	0.011** (0.008)	Cut3	2.515*** (0.036)		
Observations	39611				

注：被解释变量为企业出口目的地个数；括号内为标准差；**、***分别表示参数的估计值在5%、1%的统计水平上显著。

资料来源：估计结果由 Stata 15.0 计算所得。

与表7-4不同的是，一般贸易企业和加工贸易企业之间的系数差异发生了变化。与一般贸易企业相比，加工贸易企业的需求指数系数较小、生产率系数较大、生产率与弹性的乘积项系数较小。尽管加工贸易企业具有料件保税和"两头在外"的特征，但随着出口目的地个数的增加，加工贸易出口方式手续较繁杂、监管严格、环节多的局限性也会凸显，例如加工出口成品和所耗用料件需预先向外经局和海关申请备案及办理合同手册、出口合同完成后需办理核销等。因此，加工贸易企业往往通过增加批量减少资金占用以降低成本，因此生产率对加工贸易企业扩大出口目的地的直接作用较强也就不难理解。而与加工贸易企业相比，无须提前办理海关合同备案、一有出口订单即可备料生产和报关出货的一般贸易企业，在扩大出口目的地时，生产率与目标市场的需求弹性以及成本弹性的交互影响就相对较强。另外，与全样本一致，无论一般贸易企业还是加工贸易企业，需求指数和成本弹性乘积项都不显著。至于一般贸易企业的切点值（Cut1、Cut2 和 Cut3）略小于加工贸易企业，也就是说一般贸易企业扩大出口目的地的固定成本较低，可能由于不同贸易方式的企业主要出口目的地的不同导致，根据阿尔科拉基斯（Arkolakis，2010）以及伊顿等（Eaton et al.，2011）的观点，企业出口固定成本可能还与出口市场的规模以及竞争的激烈程度有关。

（2）内资企业与港澳台商及外商投资企业分组。

由于不同登记注册类型的企业在税收和准入等方面存在较多差异，有可能会影响产品异质性和生产率对企业出口广度边际的作用效果，因此本书把企业按照登记注册类型分为内资企业和港澳台商及外商投资企业（简称外资企业）两大类，进行分组估计。

表7-6报告了从企业出口产品种数广度边际角度按企业登记注册类型分组的估计结果。与全样本估计一致，无论内资企业还是外资企业，生产率、需求指数和企业规模的系数符号均为正，需求指数与两个弹性的乘积项系数符号为负，生产率与两个弹性乘积项系数符号为正。

表7-6　　　　按企业登记注册类型分组估计——出口产品种数

内资企业	系数	边际效应		
		Pr(N = 1)	Pr(N = 2)	Pr(N = 3)
生产率	0.152 *** (0.009)	-0.037 *** (0.002)	0.023 *** (0.001)	0.014 *** (0.001)
需求指数	0.143 *** (0.022)	-0.035 *** (0.005)	0.022 *** (0.003)	0.013 *** (0.002)
企业规模	0.202 *** (0.004)	-0.050 *** (0.001)	0.031 *** (0.001)	0.019 *** (0.001)
需求指数 × $D_{H\sigma}$	-0.014 ** (0.006)	切点		
生产率 × $D_{H\sigma}$	0.079 *** (0.008)	Cut1	2.753 *** (0.039)	
需求指数 × $D_{H\gamma}$	-0.016 *** (0.005)	Cut2	3.269 *** (0.040)	
生产率 × $D_{H\gamma}$	0.027 *** (0.008)			
Observations	43205			
港澳台商、外商投资企业	系数	边际效应		
		Pr(N = 1)	Pr(N = 2)	Pr(N = 3)
生产率	0.018 *** (0.006)	-0.006 *** (0.002)	0.004 *** (0.001)	0.002 *** (0.001)

港澳台商、外商投资企业	系数	边际效应		
		Pr(N=1)	Pr(N=2)	Pr(N=3)
需求指数	0.087 *** (0.013)	−0.030 *** (0.004)	0.019 *** (0.003)	0.011 *** (0.002)
企业规模	0.051 *** (0.004)	−0.017 *** (0.001)	0.011 *** (0.001)	0.006 *** (0.001)
需求指数 × $D_{H\sigma}$	−0.028 *** (0.005)	切点		
生产率 × $D_{H\sigma}$	0.087 *** (0.007)	Cut1	1.032 *** (0.031)	
需求指数 × $D_{H\gamma}$	−0.036 *** (0.004)	Cut2	1.606 *** (0.032)	
生产率 × $D_{H\gamma}$	0.024 *** (0.007)			
Observations	57250			

注：被解释变量为企业出口产品种数；括号内为标准差；** 、*** 表示参数的估计值在 5%、1% 的统计水平上显著。

资料来源：估计结果由 Stata 15.0 计算所得。

　　与内资企业相比，外资企业生产率和需求指数的系数都偏小，而乘积项系数却偏大。这表明，在外资企业出口产品种数决策中，生产率和需求指数的直接作用相对较小，而与需求弹性和成本弹性的交互作用较强。外资企业具有技术优势和资本优势，在税收等方面还可以享受各种优惠待遇，一定程度降低了其运营成本；而内资企业尤其国有企业具有垄断特征，并且拥有资源优势。因此加强产品特性和提高生产率对内资企业扩大出口产品种数的直接作用更加明显。而与内资企业相比，外资企业更容易根据境外目标市场的情况做出生产和销售的调整，并且具有更为广阔的料件来源，所以外资企业在出口产品种类决策中受需求弹性和成本弹性与需求指数和生产率的交互作用影响更大。

　　需求指数、生产率和企业规模的边际效应与系数对应。以需求指数为例，需求指数每提高一个单位，内资出口企业只出口一种产品的概率就降低 0.035，出口多种产品的概率就增加 0.035，其中，出口两种产品的概率增加 0.022，出口三种及以上产品的概率增加 0.013；外资企业只出口一种产品的概率减少 0.030，出口多种产品的概率就增加 0.030，其中，出口两种产品的概率增加 0.019，出口三种及以上产品的概率增加 0.011。另外，内资企业切点值大于相应外资企业切点值，即内资企业扩大出口产品种类的固定成本较高，主要因为外资企业在海外市场的信息以及销售渠道等方面的优势可以降低其固定成本。

表 7－7 报告了从企业出口目的地个数广度边际角度按企业登记注册类型分组的估计结果。系数和边际效应的符号与表 7－6 一致。

表 7－7　　　　按企业登记注册类型分组估计——出口目的地个数

内资企业	系数	边际效应			
		Pr(N=1)	Pr(N=2)	Pr(N=3)	Pr(N=4)
生产率	0.128 *** (0.006)	－0.046 *** (0.002)	0.033 *** (0.001)	0.012 *** (0.001)	0.001 *** (0.001)
需求指数	0.126 *** (0.011)	－0.045 *** (0.004)	0.032 *** (0.003)	0.013 *** (0.001)	0.000 *** (0.000)
企业规模	0.088 *** (0.003)	－0.032 *** (0.001)	0.022 *** (0.001)	0.009 *** (0.001)	0.001 *** (0.000)
需求指数 × $D_{H\sigma}$	－0.063 *** (0.005)	切点			
生产率 × $D_{H\sigma}$	0.025 *** (0.006)	Cut1	1.079 *** (0.029)		
需求指数 × $D_{H\gamma}$	－0.114 *** (0.038)	Cut2	1.899 *** (0.030)		
生产率 × $D_{H\gamma}$	0.015 ** (0.006)	Cut3	2.566 *** (0.031)		
Observations	43205				

117

续表

港澳台商、外商投资企业	系数	边际效应			
		Pr(N = 1)	Pr(N = 2)	Pr(N = 3)	Pr(N = 4)
生产率	0.011 ** (0.006)	-0.004 *** (0.002)	0.002 *** (0.001)	0.001 *** (0.001)	0.001 *** (0.000)
需求指数	0.081 *** (0.016)	-0.029 *** (0.006)	0.015 *** (0.003)	0.011 *** (0.002)	0.003 *** (0.001)
企业规模	0.139 *** (0.003)	-0.051 *** (0.001)	0.027 *** (0.001)	0.019 *** (0.001)	0.005 *** (0.001)
需求指数 × $D_{H\sigma}$	-0.466 *** (0.057)	切点			
生产率 × $D_{H\sigma}$	0.084 *** (0.007)	Cut1	0.652 *** (0.027)		
需求指数 × $D_{H\gamma}$	-0.156 *** (0.043)	Cut2	1.374 *** (0.027)		
生产率 × $D_{H\gamma}$	0.172 *** (0.007)	Cut3	1.951 *** (0.028)		
Observations	57250				

注：被解释变量为企业出口目的地个数；括号内为标准差；** 、*** 分别表示参数的估计值在5%、1%的统计水平上显著。

资料来源：估计结果由 Stata 15.0 计算所得。

结果表明，无论内资企业还是外资企业，产品异质性和生产率都在企业出口目的地决策中发挥了重要作用。并且，内资企业与外资企业系数对比情形也与表7－6一致，表明与内资企业相比，外资企业生产率和需求指数系数的绝对值都偏小，乘积项系数的绝对值偏大。相对于内资企业，外资企业税收和技术等方面的优势以及与海外市场较为密切的联系使得其在扩大出口市场中，受产品异质性和生产率的直接影响较小，受这两者与出口市场需求弹性和成本弹性交互影响较大。另外，比较两组切点值的大小，与内资企业扩大出口市场固定成本较高的事实相符。

（3）出口到不同出口目的地的企业分组。

与第6章出口目的地的分组相同，把中国企业出口的主要国家和地区分为以下四组：美国/加拿大、欧盟、日本/韩国、亚洲其他国家或地区，考察不同出口目的地分组下企业出口广度边际的情况。对于有多个出口目的地的企业，本书按其出口份额比重最大的出口目的地进行归类。

表 7-8 报告了从企业出口产品种数角度按出口目的地分组的系数估计结果。从表中可以看出，无论出口目的地是美国/加拿大、欧盟、日本/韩国还是亚洲其他国家或地区，需求指数和生产率以及乘积项符号都与全样本估计结果保持一致，产品特性越强、生产率越高，企业出口产品种数往往也越多，并且出口目的地市场产品差别化程度和加强产品特性的边际成本也与产品异质性和生产率对企业出口产品种数决策有明显的交互作用。

表 7-8　　　　　　按出口目的地分组估计——出口产品种数

项目	美国/加拿大	欧盟	日本/韩国	亚洲其他国家或地区
生产率	0.054 *** (0.013)	0.032 *** (0.013)	0.035 *** (0.009)	0.122 *** (0.009)
需求指数	0.113 *** (0.028)	0.151 *** (0.032)	0.052 *** (0.019)	0.050 *** (0.018)
企业规模	0.072 *** (0.007)	0.098 *** (0.007)	0.125 *** (0.006)	0.091 *** (0.005)
需求指数 × $D_{H\sigma}$	− 0.359 *** (0.104)	− 0.200 ** (0.103)	− 0.040 *** (0.006)	− 0.174 *** (0.068)
生产率 × $D_{H\sigma}$	0.105 *** (0.012)	0.066 *** (0.012)	0.053 *** (0.009)	0.068 *** (0.009)
需求指数 × $D_{H\gamma}$	− 0.140 ** (0.086)	− 0.132 ** (0.085)	− 0.069 ** (0.046)	− 0.042 *** (0.006)
生产率 × $D_{H\gamma}$	0.070 *** (0.013)	0.013 *** (0.001)	0.041 *** (0.010)	0.073 *** (0.010)
切点				

续表

项目	美国/加拿大	欧盟	日本/韩国	亚洲其他国家或地区
Cut1	1. 168 *** (0. 058)	1. 426 *** (0. 060)	1. 813 *** (0. 053)	1. 348 *** (0. 044)
Cut2	1. 731 *** (0. 059)	1. 984 *** (0. 061)	2. 379 *** (0. 054)	1. 913 *** (0. 045)
Observations	16193	13996	19406	27009

注：被解释变量为企业出口产品种数；括号内为标准差；** 、*** 分别表示参数的估计值在 5% 、1% 的统计水平上显著。

资料来源：估计结果由 Stata 15. 0 计算所得。

值得注意的是，出口目的地为美国/加拿大一组需求指数、生产率以及乘积项系数的绝对值，与其他组相比，都较大。这意味着，主要出口目的地为美国/加拿大的企业，在扩大出口产品种数决策中，产品异质性和生产率的作用更加明显，弹性方面尤其出口目的地市场需求弹性与产品异质性和生产率的交互作用也更加明显。首先，尽管欧盟和日本也是中国主要贸易伙伴，但美国一直是中国出口产品最大的单一国市场，样本期间，中国每年出口到美国的产品额占中国出口产品总额的比例都在 20% 以上。根据中国商务部贸易统计数据，2019 年上半年，尽管中国对美国出口比重下降至约 11% ，美国在中国出口贸易额中位居第二，仅次于欧盟，美国仍然是中国产品出口的最大单一国市场。一直以来，中国出口美国的产品主要集中在机电产品、家具、玩具、鞋帽、服装以及除服装外的纺织制品等行业，因此美国市场的变化对中国产品出口影响较大。其次，中国出口产品以低附加值产品为主体，在生产成本不断提高的情况下保持低附加值产品的比较优势，生产率必定发挥重要作用，而同时为调整出口产品结构而增加高附加值产品出口，提高产品异质性的作用尤为重要。

另外，比较代表出口固定成本门槛的切点值，出口目的地为日本/韩国的切点值略大于其他组。这可能是由于中国产品在日本/韩国市场面临更激烈的竞争，比如来自东盟国家的产品，使得中国企业在日本/韩国产品种类扩张中面临较高的固定成本。而出口目的地为日本/韩国和亚洲其他国家或地区的分组估计结果都没有表现出明显的固定成本优势，与中国出口企业并没有充分利用地缘等方面优势的事实相符。

表7-9报告了从企业出口目的地个数角度按企业主要出口目的地分组的系数估计结果。从表中可以看出，出口目的地为美国/加拿大组的生产率和需求指数系数的绝对值仍然较高，而出口目的地为日本/韩国组的切点值较大，这些均与表7-8一致。但四个分组乘积项的统计显著性普遍降低，这可能由于，企业在开拓新的目标市场时，单一或某个出口目的地市场的需求弹性的影响大大降低，而且此时即使成本弹性较大，能够同时销往多个海外市场的企业，对其产品异质性和生产率的要求都有较高要求，产品异质性和生产率对企业出口目的地个数决策的重要性受其他因素的影响也就较小。

表7-9　　　　按出口目的地分组估计——出口目的地个数

项目	美国/加拿大	欧盟	日本/韩国	亚洲其他国家或地区
生产率	0.113 *** (0.011)	0.119 *** (0.011)	0.106 *** (0.010)	0.287 *** (0.008)
需求指数	0.224 *** (0.024)	0.202 ** (0.027)	0.129 *** (0.019)	0.208 *** (0.016)
企业规模	0.105 *** (0.006)	0.090 *** (0.006)	0.139 *** (0.005)	0.105 *** (0.004)
需求指数 $\times D_{H\sigma}$	-0.173 ** (0.090)	-0.317 *** (0.089)	-0.187 *** (0.072)	-0.179 *** (0.060)
生产率 $\times D_{H\sigma}$	0.046 *** (0.010)	0.025 ** (0.011)	0.019 ** (0.009)	0.021 *** (0.008)
需求指数 $\times D_{H\gamma}$	-0.093 * (0.073)	-0.120 ** (0.073)	-0.070 ** (0.054)	-0.037 (0.050)
生产率 $\times D_{H\gamma}$	0.025 ** (0.011)	0.020 ** (0.011)	0.037 *** (0.010)	0.018 ** (0.008)
切点				
Cut1	0.672 *** (0.050)	0.105 ** (0.051)	1.398 *** (0.046)	0.808 *** (0.039)

项目	美国/加拿大	欧盟	日本/韩国	亚洲其他国家或地区
Cut2	1.490 *** (0.050)	0.899 *** (0.051)	2.169 *** (0.047)	1.570 *** (0.039)
Cut3	2.136 *** (0.051)	1.575 *** (0.052)	2.779 *** (0.048)	2.156 *** (0.040)
Observations	16193	13996	19406	27009

注：被解释变量为企业出口目的地个数；括号内为标准差；＊、＊＊和＊＊＊分别表示参数的估计值在10%、5%和1%的统计水平上显著。

资料来源：估计结果由 Stata 15.0 计算所得。

根据以上结果，出口目的地为美国、加拿大、日本和韩国的企业，加强产品特性和提高生产率降低成本对企业扩大出口产品范围和出口目的地海外扩张的作用都很重要；出口目的地为欧盟的企业，与提高生产率降低生产成本相比，加强产品特性更有利于扩大企业出口产品范围和出口目的地个数；出口目的地为亚洲其他国家或地区的企业，与加强产品特性相比，提高生产率降低生产成本更有利于企业出口广度边际的扩张。

出口目的地的市场规模、人均收入水平、关税等贸易政策、与出口国的相对地理位置甚至文化习俗等都影响着企业在该出口目的地的出口规模、利润率以及所面临的需求弹性。对于人均收入水平较高、消费者对个性化要求较高的海外市场，往往需求弹性较小，产品质量、功能、外观以及知名度等产品特性加强带来的价格升高并不会导致销量的大幅度减少，甚至可以吸引到更多消费者，从而实现企业出口广度边际的扩张。对于人均收入水平较低、偏好比较单一的出口目的地，具有较高生产率的企业可以通过制定比竞争对手更低廉的价格扩大企业出口的广度边际。除此之外，还有很多其他与出口目的地有关的因素影响产品异质性和生产率的相对重要性，这些因素之间往往具有高度相关性，因此，尽可能全面地考察出口目的地的影响不能只是依靠加入更多的变量，本书按出口目的地分组估计和对比分析，在克服前述困难的同时，得到了以上更为具体更有针对性的结论。

7.3 基于企业出口广度边际的稳健性检验

与第6章类似，为检验上述结果的稳健性，本章以单位价值代替需求指数来衡量产品异质性，并使用 OP 法估计全要素生产率，对企业出口的广度边际重新进行估计。

表7-10 为产品种数广度边际稳健性检验结果。与表7-2 结果基本一致，验证了前文所得结果的稳健性。并且，生产率用 OP 法重新估计后，生产率在产品种数广度边际中的系数变大，从 0.058 增加到 0.105，边际效应的绝对值也相应增加，从而验证了生产率对企业出口产品种数广度边际的正效应，再一次验证了并不存在"生产率悖论"。

表7-10　　　　广度边际——出口产品种数稳健性检验

项目	系数	边际效应		
		$Pr(N=1)$	$Pr(N=2)$	$Pr(N=3)$
生产率（OP）	0.105 *** (0.007)	-0.032 *** (0.002)	0.020 *** (0.001)	0.012 *** (0.001)
单位价值	0.042 *** (0.003)	-0.013 *** (0.001)	0.008 *** (0.001)	0.005 *** (0.001)
企业规模	0.118 *** (0.003)	-0.036 *** (0.001)	0.022 *** (0.001)	0.014 *** (0.001)
单位价值 × $D_{H\sigma}$	-0.049 *** (0.013)	切点		
生产率（OP）× $D_{H\sigma}$	0.141 *** (0.030)	Cut1	1.603 *** (0.026)	
单位价值 × $D_{H\gamma}$	-0.008 *** (0.003)	Cut2	2.145 *** (0.026)	
生产率（OP）× $D_{H\gamma} \times D_{H\gamma}$	0.007 *** (0.003)			
Observations	100538			

注：被解释变量为企业出口产品种数；括号内为标准差；*** 表示参数的估计值在1%的统计水平上显著。

资料来源：估计结果由 Stata 15.0 计算所得。

对应地，边际效应也得到了验证。以单位价值为例，单位价值每增加一个单位，企业选择只出口一种产品的可能性降低0.013，也就是企业选择出口多种产品的概率增加0.013，其中，出口两种产品的概率增加0.08，出口三种产品的概率增加0.05。单位价值和生产率与需求弹性和成本弹性乘积项系数符号与表7-2中一致，验证了产品异质性和生产率在企业出口产品种数广度边际扩张中相对重要性与需求弹性和成本弹性有关。需求弹性和成本弹性越小，产品异质性对企业扩大出口产品范围的影响更大；需求弹性和成本弹性越大，生产率对企业扩大出口产品范围的影响更大。另外，切点值（Cut1和Cut2）在1%的统计水平上显著区别于0并且彼此显著不同，验证了企业出口产品种类的增加是渐进的。

表7-11报告了出口目的地个数广度边际稳健性检验的结果。与表7-3相比，生产率系数从0.065增加到0.204，边际效应也相应增加；单位价值和企业规模的系数以及边际效应较为稳定。单位价值和成本弹性的乘积项系数不显著，与表7-3中需求指数与成本弹性的乘积项系数不显著相一致。

表7-11　　　　广度边际——出口目的地个数稳健性检验

项目	系数	边际效应			
		Pr(N=1)	Pr(N=2)	Pr(N=3)	Pr(N=4)
生产率（OP）	0.204*** (0.055)	-0.075*** (0.020)	0.048*** (0.013)	0.024*** (0.007)	0.003*** (0.001)
单位价值	0.140*** (0.026)	-0.051*** (0.009)	0.033*** (0.006)	0.017*** (0.003)	0.001*** (0.001)
企业规模	0.139*** (0.002)	-0.051*** (0.001)	0.033*** (0.001)	0.016*** (0.001)	0.002*** (0.001)
单位价值×$D_{H\sigma}$	-0.135** (0.103)	切点			
生产率（OP）×$D_{H\sigma}$	0.624*** (0.232)	Cut1	1.018*** (0.022)		

项目	系数	边际效应			
		Pr(N = 1)	Pr(N = 2)	Pr(N = 3)	Pr(N = 4)
单位价值 × $D_{H\gamma}$	-0.136 * (0.103)	Cut2	1.774 *** (0.022)		
生产率（OP）× $D_{H\gamma}$	0.204 *** (0.033)	Cut3	2.378 *** (0.022)		
Observations	100538				

注：被解释变量为企业出口目的地个数；括号内为标准差；*、** 和 *** 分别表示参数的估计值在 10%、5% 和 1% 的统计水平上显著。

资料来源：估计结果由 Stata 15.0 计算所得。

表 7 - 11 验证了产品异质性和生产率对企业出口目的地个数广度边际的正效应。单位价值和生产率与需求弹性和成本弹性乘积项系数符号和显著程度均与表 7 - 3 中一致。产品异质性和生产率的相对重要性与需求弹性相关，需求弹性越小，相对于提高生产率降低成本，加强产品特性扩大企业出口目的地的效果更强；而成本弹性，虽然也影响生产率的重要性，但与产品异质性的交互影响较弱。

7.4　本章小结

本章从企业出口广度边际角度考察产品异质性和生产率对企业出口绩效的影响。其中，企业出口广度边际由企业出口产品种数和出口目的地个数两个指标进行衡量。在实证模型中，由于被解释变量为有序离散变量，所以使用有序概率选择模型。解释变量除了全要素生产率和代表产品异质性的需求指数之外，还有用资本存量表示的企业规模，并且还加入了需求弹性和成本弹性与生产率和需求指数的乘积项。在对全样本实证分析之后，又进一步按照贸易方式、企业登记注册类型以及出口目的地等将全样本划分为不同组别进行分组检验，最后对全样本估计结果还进行了稳健性检验。

本章的实证分析得到五个主要结论。第一，企业产品特性越强、生产率越高，出口多种产品、出口到多个目的地的可能性就越大，即产品异质性和生产率对企业出口的广度边际扩张都发挥了重要作用。第二，目标市场的产品差别化程度越高、企业加强产品特性所引起的边际成本增加越少，相对于生产率，产品异质性对企业出口广度边际扩张的作用越强，反过来，目标市场产品越单一、企业加强产品特性的成本弹性越大，相对于产品异质性，生产率扩大企业出口广度边际的效果更明显。第三，从不同贸易方式来看，一般贸易企业受产品异质性和生产率对其出口产品种数的直接影响较大、受产品异质性对其出口目的地个数的直接影响较大，而加工贸易企业受产品异质性和生产率与需求弹性和成本弹性对其出口产品种数的交互影响较大、受生产率对其出口目的地个数的直接影响较大。第四，从不同企业登记注册类型来看，内资企业受产品异质性和生产率对其出口广度边际的直接影响较大，而外资企业受产品异质性和生产率与需求弹性和成本弹性的交互影响较大。第五，从不同出口目的地来看，出口目的地为美国、加拿大、日本和韩国的企业，产品异质性和生产率对企业出口广度边际的影响都很重要；出口目的地为欧盟的企业，产品异质性对企业出口广度边际的相对重要性更强；出口目的地为亚洲其他国家或地区的企业，生产率对企业出口广度边际的相对重要性更强。

　　企业要想从广度边际实现出口扩张，不仅要提高生产率以降低生产成本，还要努力提高产品特性。而目标市场的需求弹性和成本弹性对产品异质性和生产率相对重要性的影响又一定程度决定了企业的比较优势，如果企业不能同时提高产品特性和生产率，则可以通过对目标市场和自身生产能力的分析做出权衡，采取更有利的策略进行广度边际的扩张。对于不同类型的企业，还要考虑其企业自身的特点，比如加工贸易企业的料件保税和"两头在外"的优势以及手续繁杂的劣势、外资企业税收和技术等方面的优势以及与海外市场较为密切的联系、出口到不同目的地的企业对出口目的地市场的依赖程度的差异等，这些都是企业出口广度边际扩张决策中不可忽略的考虑因素。

　　本章较为全面地考察了产品异质性和生产率对企业出口广度边际的影响以及相对重要性，并且尽可能从多个角度给出合理的解释，为企业出口广度边际的扩张决策提供有力的实证参考。然而，无论从模型设定还是所得数据质量等方面都有需要完善的空间，通过不断探索，在信息更加全面准确的基础上，将会有更加深入的研究和发现。

第8章　结论与启示

对于许多中等收入国家和地区来说，严重依赖出口意味着这些经济体特别容易受到全球市场波动的影响。在过去二十多年中，中国出口成功的基础，最初是基于廉价的国内劳动力等低成本投入，逐渐转变为产品升级和市场多元化在推动出口成功中发挥越来越重要的作用。事实上，自20世纪90年代中期以来，低技能和劳动密集型产品的生产一直外包给低工资国家。在微观层面上，这一发展意味着出口市场的成功不再仅仅属于能够在成本的基础上进行竞争，同时也在于多个外国市场生产消费者所需的高附加值产品。事实上，越来越多的证据表明，以产品和市场多样化为形式的市场需求方的企业调整是企业绩效的一个重要组成部分，因此也是应对低成本国家日益激烈的竞争的一个至关重要的生存战略。

由于更高质量的产品生产成本更高，产品质量的引入跨越了企业的需求和成本两个方面。在本书中，我们详细阐述了越来越多的微观证据，这些证据表明，国内和国际活动往往由少数几个非常大的多产品企业主导。这些企业的成功不仅是由高生产率驱动的，也是由它们利用市场需求因素的能力驱动的。

本书在异质性企业贸易理论的框架下，以拟线性二次效用函数为基础，同时引入产品异质性和生产率异质性，分析产品异质性和生产率对企业出口绩效的影响，并且结合需求弹性和成本弹性与产品异质性和生产率的交互作用，进一步分析产品异质性和生产率在不同条件下的相对重要性，在此基础上，从企业出口二元边际的角度出发，进行了一系列验证。本章首先揭示本书的主要研究结论，然后提出相应的政策建议，最后指出下一步研究的主要方向。

8.1 结 论

中国货物出口保持稳步增长是过去二十多年来国际贸易中最重要的现象之一。目前，中国已经成为世界第一大货物贸易国、第一大出口国。出口企业作为货物出口的微观经济主体，已经逐步成为各国参与国际市场竞争的主体。因此，中国能否实现货物出口的可持续增长与中国出口企业的成败密不可分。在国际市场上，中国出口企业该如何应对来自劳动力成本更低的发展中国家企业的竞争？该如何与具有众多名牌和高质量产品的发达国家企业抗衡？是一味地提高生产率降低生产成本，还是不断提高产品质量、功能以及知名度等产品特性（尽管由于选材、研发和广告等投入使生产成本增加）？只有确定了出口企业比较优势的关键来源，才能就这些问题给出较为准确的答案。本书就这一系列问题进行了探讨和分析。

有关异质性企业贸易理论的研究主要有两个基本框架。一个是以梅利兹（2003）为基础，使用不变替代弹性系数（CES）效用函数。另一个是以梅利兹和奥塔维亚诺（2008）为基础，使用拟线性二次效用函数。无论选择这两个主流模型中的哪一个进行理论构建，大多通过引入更多的企业异质性或者放宽企业生产的假设条件等途径进行拓展分析。已有研究对梅利兹（2003）模型的拓展分析较为广泛，而梅利兹和奥塔维亚诺（2008）模型还有很大的挖掘空间。关于企业异质性的引入，起初大都是从成本角度进行考虑，主要是以生产率倒数形式出现反映生产成本的异质性或者是反映企业进入新出口市场固定成本的异质性。近年来，产品特性的异质性正在逐渐得到国内外学者的关注。

在这样的现实和理论背景下，本书以拟线性二次效用函数为基础构建理论框架，同时引入产品异质性和生产率异质性，分析这两者对企业出口绩效的影响，结合需求弹性和成本弹性与产品异质性和生产率异质性的交互作用，进一步分析产品异质性和生产率异质性在不同市场结构条件下的相对重要性，并利用中国 12 个主要出口制造业行业企业层面生产和出口的微观数据进行验证。本书的基本结构和主要内容如下：第1 章是导论，介绍本书的背景、思路、主要内容、方法以及创新点；第

2 章是文献综述，从三个角度展开：一是异质性企业贸易理论主流模型及其拓展；二是产品异质性和全要素生产率的估计方法；三是产品异质性和全要素生产率对企业出口绩效的影响；第 3 章是理论模型，建立了一个异质性企业出口模型，通过分析零出口利润条件，得到关键变量之间的相互关系；第 4 章是数据和统计分析，包括数据来源及其处理过程、样本数据初步统计分析以及样本分组标准；第 5 章是关键变量的估计，包括表示产品异质性的需求指数、全要素生产率、需求弹性、成本弹性，考察关键变量之间的相互关系；第 6 章从深度边际角度考察产品异质性和全要素生产率对企业出口绩效的影响，采用企业年度出口额和企业在出口目的地的年度市场份额两个指标衡量企业出口的深度边际，在对全体样本进行检验之后，又按照贸易方式、企业登记注册类型以及出口目的地等标准将全样本划分为不同组别进行分组估计，最后对全样本估计结果进行稳健性检验；第 7 章从广度边际角度考察产品异质性和全要素生产率对企业出口绩效的影响，采用企业出口产品种数和出口目的地个数两个指标衡量企业出口的广度边际，进行了全样本检验和分组检验以及稳健性检验。第 8 章为研究结论和政策建议。

本书从以下几个方面展开探索：

第一，本书将产品异质性和生产率异质性同时引入以拟线性二次效用函数为基础的异质性企业分析框架进行理论分析。与基于不变替代弹性系数（CES）效用函数的异质性企业分析框架假设条件相比，拟线性二次效用函数的假设更为宽松、更符合客观实际，所得结论的普遍性更强。不变替代弹性系数（CES）效用函数下的均衡价格由简单的加成得到，而拟线性二次效用函数下的市场均衡是由价格相互作用的众多企业的纳什均衡给出。由于数理推导的复杂性等方面原因，将多个维度的企业异质性同时引入以拟线性二次效用函数为基础的异质性企业分析框架的研究较少，本书从这个角度对异质性企业贸易理论进行扩展。

第二，本书从企业微观层面出发，以中国主要出口行业的企业数据为样本，考察产品异质性对企业出口二元边际扩张的影响，把企业出口绩效分解为深度边际和广度边际，深度边际以企业年度出口额和企业年度出口市场份额两个指标来衡量，广度边际以企业出口产品种数和企业出口目的地个数两个指标来衡量。并且，还考察了产品异质性和全要素生产率在中国企业出口二元边际扩张中的相对重要性及影响因素。另外，按照贸易方式、企业登记注册类型以及出口目的地等标准将全样本划分为不同组别进行分组估计和对比分析。

第三，本书的实证检验采用了中国工业企业数据库和中国海关交易统计数据库两套微观数据以及联合国商品贸易统计数据库的部分宏观数据，将中国出口企业的生产、贸易和出口目的地市场规模等相关信息进行匹配，并根据行业出口份额、传统出口行业以及新兴出口行业等标准选择了 12 个出口行业的企业数据组成了本书的样本数据，丰富相关研究的实证分析对象以及结论。

通过规范分析、实证分析、对比分析以及微观层面与宏观层面相结合等多种分析方法的综合运用，本书主要结论如下：

（1）产品异质性和生产率在企业出口深度边际扩张中都发挥了重要作用。

第一，产品质量、功能、外观以及知名度等产品特性越强、生产率越高，企业出口额越大。从企业出口深度边际衡量指标之一的出口额角度，表示产品异质性的需求指数和全要素生产率都发挥了重要作用，如果忽略了需求指数的影响，就意味着某种程度高估了提高生产率降低成本对企业出口额的影响。在区分了一般贸易企业和加工贸易企业之后，从企业出口额角度仍然不存在"生产率悖论"的现象，企业出口额与需求指数和全要素生产率均呈正比例关系。与加工贸易企业相比，产品异质性对一般贸易企业出口额的影响更大，这主要因为，加工贸易企业大多是根据订单生产，生产出的产品直接销往国外，因此销路比较稳定，而一般贸易企业要想使自己的产品得到国外消费者的欢迎并且在国外市场有一席之地，其产品就要有一定的吸引力，或者质量或者性能等有突出的表现。按照企业登记注册类型分组估计得到，无论内资企业，还是外资企业，需求指数和生产率越高、企业出口额越大的估计结果仍然成立，其中内资企业通过加强产品特性来扩大出口额的效果更明显，与内资企业相比，外资企业普遍具有外向经营性，大量外资企业早期到中国投资设厂是为了利用中国较低的土地、劳动力等成本优势进行生产，然后将产品出口到国外，因此往往已经具备了稳定的海外销售渠道；而内资企业往往以国内市场为主或者国内市场是其产品的主要销售市场，在开拓国外市场的过程中，与来自其他国家的产品进行竞争，再加上国外市场对进口产品质量、包装等方面较为苛刻的准入标准，提高产品异质性对于想要扩大出口额的中国内资企业就尤为重要。按照出口目的地分组分析得到，对出口到美国、加拿大、日本和韩国的中国企业来说，加强产品特性和提高生产率都很重要；对出口到欧盟的中国企业来说，产品异质性对企业出口额影响的效果更明显；对出口到亚洲其他国家或地区的中国企业来说，提高生产率降低成本更有利于扩大出口额。

　　第二，产品特性越强、生产率越高，企业在出口目的地所占市场份额越大。需求指数对于企业出口市场份额发挥了重要作用，如果忽略了需求指数的重要作用，就意味着某种程度上高估了低成本在企业出口市场份额中的作用。所以，通过提高生产率来降低成本虽然可以在一定程度上扩大国外市场份额，但更大程度上扩大市场份额要靠降低成本和加强产品特性双管齐下。按照贸易方式分组分析得到，无论一般贸易企业，还是加工贸易企业，需求指数和全要素生产率对企业出口市场份额的影响与全样本估计结果一致，即需求指数和全要素生产率越高，企业出口市场份额越大。其中，相对于加工贸易企业，需求指数对一般贸易企业的影响更为大。企业登记注册类型的不同并没有产生明显的结果差异，其中生产率对外资企业市场份额的影响较大，外资企业本身具有较强的技术优势和资本优势，再加上作为跨国企业的子企业与母企业千丝万缕的联系，在中国投资设厂的外资企业主要目的是降低生产成本，尤其在国外激烈的市场竞争中，在不缺乏技术、资本等优势的情况下，如果再具备成本优势，才能进一步扩大其市场份额，因此提高生产率降低生产成本对中国外资企业出口市场份额的影响较为明显。在区分了出口目的地之后，产品异质性和生产率对出口目的地不同的中国企业市场份额的影响与出口额基本一致：出口目的地为美国、加拿大、韩国和日本的企业，加强产品特性和提高生产率降低生产成本都很重要；出口目的地为欧盟的企业，加强产品特性更有利于扩大企业市场份额；出口目的地为亚洲其他国家或地区的企业，提高生产率降低生产成本更有利于扩大企业市场份额。

　　（2）产品异质性和生产率在企业出口广度边际扩张中都发挥了重要作用。

　　第一，产品特性越强、生产率越高，企业出口产品种数越多。从企业出口广度边际衡量指标之一的出口产品种数角度，不但没有发现"生产率悖论"的存在，而且得出需求指数对企业出口产品种类广度边际的影响也不容忽视。区分了贸易方式之后，产品异质性和生产率对一般贸易企业出口产品种类的直接影响更大，这主要因为，加工贸易的料件保税特征大大降低了加工贸易企业的运行成本，并且加工贸易企业主要是根据境外市场的订单生产，尽管产品异质性和生产率在加工贸易企业出口产品种数决策中也发挥了重要作用，但与一般贸易企业相比，作用较小。按照企业登记注册类型分组分析得出，在外资企业出口产品种数决策中，产品异质性和生产率的直接作用相对较小，这主要因为，外资企业业具有技术优势和资本优势，在税收等方面还可以享受各种优惠待遇，一定程度降低了其运营成本。按照出口目的地分组分析得出，主要出口目的地为美国/加拿大的中国企业，在扩大出口产品种数决策中，产品异质性和生产率的作用更加明显，这主要因为美国一直是中国出口产品最大的单一国市场。

第二，产品特性越强、生产率越高，企业出口目的地个数越多。对比表示产品异质性的需求指数和全要素生产率的作用效果发现，需求指数对企业扩大出口目的地个数的作用效果明显较强。按照企业贸易方式分组分析得出，由于随着出口目的地个数的增加，加工贸易出口方式手续较繁杂、监管严格、环节多的局限性也会凸显，加工贸易企业往往通过增加批量减少资金占用以降低成本，因此生产率对加工贸易企业扩大出口目的地的直接作用较强。区分企业登记注册类型之后，与内资企业相比，产品异质性和生产率对外资企业出口目的地扩张的作用效果较小，这是由外资企业和内资企业在税收和准入等方面的差异引起的。按照出口目的地分组估计得出，与出口到其他国家和地区的企业相比，出口目的地为美国/加拿大的中国企业，通过产品特性的加强和生产率的提高，更有可能实现海外市场的扩张。

（3）产品异质性和生产率在企业出口二元边际扩张中的相对重要性与需求弹性和成本弹性有关。

第一，目标市场的需求弹性越小，相对于提高生产率降低成本，加强产品特性更有利于企业出口二元边际的扩张。当市场上产品差别程度较大（需求弹性较小）时，消费者的偏好和选择也更加多样化，与低成本但毫无特色的产品相比而言，质量更优、功能更齐全或者知名度更高的产品更容易从众多产品中脱颖而出。同时，由于替代品较少，具有一定吸引力的产品能够拥有更加稳定的消费群体。相反,如果市场上产品较为趋同,消费者的偏好和选择比较单一,替代品也较多,此时,提高生产率降低成本才能够比较有效地扩大出口利润,也能够较好地运用价格优势吸引更多的消费者。按照贸易方式分组分析得到,与一般贸易企业相比,需求指数和生产率与需求弹性对加工贸易企业出口二元边际的交互影响更强,这是因为,"两头在外"的加工贸易企业,其全部或部分原材料购自境外,而其加工成品又销往境外,因此加工贸易企业受境外市场需求弹性影响较大。按照企业登记注册类型分组分析得到,与内资企业相比,由于外资企业更容易根据境外目标市场的情况做出生产和销售的调整,并且具有更为广阔的料件来源,所以外资企业在出口决策中受需求弹性与需求指数和生产率的交互作用影响更大。按照出口目的地分组分析得到,主要出口目的地为美国/加拿大的企业,出口目的地市场需求弹性与产品异质性和生产率对其出口二元边际的交互作用更强。

　　第二,加强产品特性的成本弹性越小,与提高生产率相比,加强产品特性能够更加有效地扩大企业出口的二元边际。当成本弹性较小时,也就是加强产品特性所引起的边际成本增加较少时,只需要投入较少的成本就能够实现产品升级或者扩大品牌知名度,尽管价格有所上涨,也能够保持原有消费群体甚至扩大消费群体,此时,企业的收益增加足以抵销成本上升,从而实现出口利润的扩大。反过来,当加强产品特性所引起的边际成本增加较多时,收益的增加很难抵销成本的上升,加强产品特性扩大出口利润的效果也就大打折扣,此时,提高生产率降低成本才是扩大出口利润的有效途径。按照贸易方式分组分析得到,产品异质性和生产率对加工贸易企业出口绩效的作用更容易受到产品特性提升所引起的边际成本增加多少的影响。按照企业登记注册类型分组分析得到,产品异质性和生产率对外资企业出口绩效的作用更容易受到成本弹性的影响。按照出口目的地分组分析得到,出口到美国/加拿大的企业,其出口表现受产品异质性和生产率与成本弹性交互影响较大。

8.2　中国企业出口战略选择的启示

　　本书发展了一个分析框架,在这个框架中,企业基于成本或需求方面在产品市场上进行竞争。产品质量和生产率高的企业更有可能参与出口市场，并出口大量产品。需求和成本因素的相对重要性取决于生产差异的程度和产品改进的成本弹性的大小。产品质量更有助于企业在差异化产品市场和产品改进成本弹性较低的产品中做出出口决策。这与文献中越来越多的证据相一致，这些证据表明，忽视市场对其产品的需求面的企业会自担风险，在通过削减成本提高生产率的基础上参与国际市场竞争已经变得越来越困难。

这对于中国企业如何面对来自印度和泰国等低工资国家的激烈竞争，如何在未来成功竞争的辩论具有重要意义。这些国家较低的工资可能会替代中国企业较高的生产率，但无法弥补质量上的不足。原材料的成本为质量水平设定了一个底线，低于这个水平，即使在低工资国家，生产也是不可行的。高质量是一些企业成功而其他企业失败的主要原因。更高的产品质量使企业在出口市场上更成功，即使它们的生产率等于或低于其他企业。本书的模型允许我们在需求方面识别出口企业竞争优势的关键来源。如果企业想成功扩大出口市场，提高产品质量将对高度差异化的产品市场产生更大的影响。特别是，增加对产品创新的投资，使企业能够扩大产品范围，从而扩大产品的差异化程度，这可能会导致需求的改善。

中国企业在寻求出口二元边际扩张的过程中，企业的生产决策是应该侧重于提高生产率降低产品成本，还是应该首要考虑加强产品质量、功能以及知名度等产品特性？也就是说，企业是应该通过生产"价廉"的产品还是"物美"的产品来赢得海外市场？生产"物美"的产品，加强产品质量、功能以及知名度等产品特性，即企业需要投入更好的原材料、更多的研发资金和人力资本以及对产品形象更好的包装，这意味着产品成本的增加，在很长一段时间内企业很难做到"价廉"。而无论是成本更低的产品还是质量等产品特性更强的产品，在企业出口深度边际扩张和广度边际扩张中都有其一定的优势，在不同的市场结构特征下也有不同的表现

"十四五"时期，中国经济将会迈入新发展阶段，以新发展格局引领高质量发展，中国企业正加大改革创新力度，进一步提升自主创新能力，全方位打造面向国际市场的竞争新优势。基于本书的研究结论，从以下几个方面为新发展格局背景下提高中国企业出口竞争力提

供政策建议：

（1）加强产品特性、提高生产率以应对来自劳动成本更低的周边国家企业的竞争。

尽管不同的统计部门和口径得到的结果不尽相同，但有一点是共同的，就是中国劳动力成本优势在逐渐减弱。同时，与部分发达国家相比，中国制造业产品的质量、性能和口碑等仍有一定差距，中国作为出口大国，享誉世界的品牌却寥寥无几，很多行业产品仍然以价格低质量次为特点，部分出口目的国也经常用产品质量标准等对中国产品出口加以限制。因此，提高生产率降低产品成本和加强产品质量、功能以及口碑等方面的产品特性都是中国出口企业生产决策的核心问题。

本书为产品异质性和生产率在企业出口二元边际中的重要作用提供了中国制造业样本的实证根据。产品异质性和生产率都在中国企业出口二元边际扩张中发挥了重要作用，并没有发现"生产率悖论"的存在，而产品异质性的作用也不容忽视。事实上，中国企业无论在寻求海外市场的深度扩张还是广度扩张过程中，由于中国劳动力成本不断上升，来自印度、马来西亚和泰国等劳动力成本更低的周边国家的竞争日趋激烈，只是依靠提高生产率降低成本已经很难成功。在产品多样化的国际市场，加强产品特性将更能够提高产品的国际竞争力，通过提高产品质量、研发更多的产品功能或者提升品牌形象等吸引更多目标市场的更多消费者。因此，要想在当今国际市场立于不败之地，中国企业不仅要不断提高生产率，还要加强研发、管理和营销，层层把关，增加产品的附加值，使产品质量更好、功能更强、品牌更具国际声誉。

企业想成功扩大出口市场，就要提高产品出口竞争力，特别是，增加对产品创新的投资。创新是对未知的探索，其结果具有不确定性，因此创新本身是有风险的，而重大创新的结果不确定性更大，风险也就更高。为了提高中国企业出口竞争力的整体水平，除了企业自身，还需要来自企业外部的创新激励。然而，在对创新不当或不完善的激励机制下，创新的风险会更高。近年来，以企业为主体的创新体系逐步得到完善，企业作为创新主体，能够更好地了解市场需求，将技术优势转化为产品优势，改善科技创新与经济发展相分离的局面。激励企业从事创新的最直接动力，就是确保企业能够尽可能多地得到其创新回报。专利权保护是知识产权保护的一种，意在确保专利发明创造人可以获得最大收益，从而激励创新。激励企业进行创新，需要把专利制度作为国家创新体系的一部分，需要政府必要的协调和干预，在专利制度和其他激励创新的途径之间进行权衡，充分考虑不同制度的交易成本和对知识传播的影响，创新资源的分配和选择才能够更加合理，企业创新才能够接近最优水平。在中国，加强和完善专利制度的重要性已经得到充分认识，专利制度设计也得到了长足发展。但是，作为专利制度补充的协同制度并没有得到足够重视，发展也较为滞后。奖励制度、搭建企业研发资源共享平台以及政府资助和协调可以作为协同制度选择，对专利制度进行补充，从而加强对企业创新的激励。

（2）加强产品特性还是提高生产率与目标市场的需求弹性和成本弹性有关。

尽管加强产品特性和提高生产率都能够扩大企业出口的二元边际，但不是所有企业都具备既对产品进行升级又可以通过提高生产率来降低成本的能力，对于那些资源技术有限的企业，就要通过确定企业比较优势的关键来源，才能做出最有利于企业出口扩张的生产决策。而本书为确定企业比较优势的关键来源提供了一条重要线索。事实上，目标市场需求弹性的大小也就是企业出口产品替代弹性的大小，也代表着目标市场产品的差别程度。当企业面临的目标市场产品差别程度较大时，也就是需求弹性较小时，企业通过加强产品特性来扩大出口的效果会更明显；当企业面临的目标市场产品差别程度较小时，也就是需求弹性较大时，提高生产率会更有利于扩大企业出口的二元边际。同时，成本弹性即企业提升产品特性所引起的边际成本的增加，也影响着企业扩大出口的生产决策。如果企业具备一定的技术或资源，使得提升产品特性带来的收益增加可以抵销其引起的成本增加，此时，企业提升产品特性将有利可图，并且有利于品牌的长期发展；如果企业需要耗费巨大的成本才能实现产品特性的一定提升，那么提高生产率降低成本仍然是短期内维持比较优势的主要途径。

企业无论是扩大出口的深度边际还是广度边际，在对生产成本较低和质量等产品特性较强的产品之间进行权衡时，都要充分考虑目标市场产品的差别化程度。目标市场产品差别化程度较高，市场上已有的产品较为多样化，消费者的选择和对产品的要求也较多，这种情况下，企业为扩大出口额和出口产品种数以及寻求更多的出口目的地，比起一味地降低成本，使用更好的原材料、提高生产工艺甚至改进外观设计等都会更加有效，加强产品特性所导致的价格上升引起的损失也会由于吸引到更多挑剔的消费者而得到弥补，甚至在全新的市场脱颖而出，并且，由于产品的独特性较强，所吸引到的消费群体也相对忠诚和稳固。而面对产品较为单一的市场，消费者的偏好也比较单一化，在产品质量、功能和外观都很难有较大差别的情况下，价格优势将为企业赢得更大和更多的市场，这种情况下，企业只有不断提高生产率降低成本才能扩大其出口的二元边际。

企业扩大海外市场时，不仅要认识到产品异质性在企业出口二元边际中的重要作用，还要根据目标市场的产品差别化程度具体情况具体分析，从而选择更有效的策略。如果目标市场产品趋同，企业要想获得出口二元边际的扩张，仍然要依靠生产率的提高从而降低生产成本。如果目标市场产品差别化程度较高，则加强产品质量、功能以及知名度等产品特性将更有利于企业出口额和出口产品种数的增加甚至出口目的地的扩张。

（3）结合贸易方式、企业类型等企业自身特点做出最优的企业出口扩张决策。

本书通过对全样本按照贸易方式、企业登记注册类型和出口目的地等标准进行分组分析，为企业结合自身特点做出最优出口扩张决策提供了参考依据。对于一般贸易企业而言，更应该重视提升产品特性，由于一般贸易企业不像加工贸易企业那样根据海外订单进行生产，为产品寻求稳定的消费群体或者实现进一步的扩张就需要产品本身具有较强的吸引力、有一定的记忆点。而对于"两头在外"的加工贸易企业而言，由于受境外市场影响较大，对目标市场需求弹性的考虑尤为重要，则应该在充分考虑目标市场需求弹性和自身生产成本弹性后，再选择通过提升产品特性还是降低生产成本来扩大出口。对于内资企业而言，由于不具备外资企业技术和市场等方面的优势，即使短期内可以通过提高生产率降低成本占有一席之地，仍然要靠提升产品特性获得长足发展。而对于外资企业而言，关键在于充分考虑目标市场需求弹性与产品异质性和生产率的交互作用，以应对国际市场的瞬息万变。

针对不同的出口目的地，不同的出口目的地代表着不同的运输成本、市场环境和消费偏好，企业的生产决策是否可以有所侧重，比如，对出口目的地为美国和加拿大的企业来说，应该更倾向于降低产品成本形成价格优势，还是首先考虑加强产品特性提高产品品质？出口目的地的市场规模，很大程度决定了企业是否对该目的地进行出口以及出口多少等企业出口的关键问题。目标市场规模较大，意味着有较好的出口前景，企业出口盈利的可能性增加，同时，也意味着企业面临较为激烈的竞争和潜在竞争，企业出口成功与否面临更多的挑战。出口目的地的关税和运输成本水平的高低影响着出口企业利润率的大小，出口目的地的关税或者运输成本过高甚至会使得企业放弃进入或退出该市场。出口目的地贸易限制政策多种多样，并不仅限于关税，有关贸易政策限制程度的度量也是国际贸易理论的一个重要问题。另外，出口目的地的人均收入水平、年龄结构以及文化习俗等方面也对企业出口什么样的产品以及价格决策等发挥着重要作用。人均收入水平较高国家的消费者往往对产品质量的要求也较高，人均收入水平较低国家的消费者更倾向于价格低廉的产品。出口目的地消费群体的年龄结构和文化习俗等因素决定了市场消费偏好，决定了市场对产品有更多个性化的追求还是更为同质化的要求。除此之外，出口目的地的制度环境、道德水平也与企业出口产品质量有着密切的关系。

在全球贸易增速放缓、政策不确定性加深的背景下，中国出口企业降低出口风险的途径之一是出口产品多元化以及出口目的地多元化。因此，针对不同的目标市场做出相应的生产决策将有利于企业实现进一步海外发展。然而，大部分中国出口企业在相当长一段时期内仍然面临出口目的地单一的问题。不同的出口目的地代表着不同的市场环境、运输成本和消费偏好，企业在根据市场需求做出生产决策的过程中，要充分考虑出口目的地的特点，本书的结论为企业提供了一个重要的权衡角度：加强产品质量、功能等产品特性，还是降低产品成本。一味地按照企业自身相对优势而忽略海外目标市场特点，或者同时追求"物美""价廉"，都将会事倍功半，即使投入大量的资源和时间成本，也很难得到预期的效果。以往研究，对于出口目的地的划分主要基于人均收入水平，这是一个重要的划分标准，但是，市场需求往往还受到很多其他因素的影响。本书的结论为出口到美国、加拿大、欧盟以及亚洲其他国家或地区的企业海外扩张策略提供了实证依据。以北美和日韩为主要出口目的地的中国企业，忽略"物美"或者舍弃"价廉"都不利于其扩张,需要企业具有较强的实力;以欧盟为主要出口目的地的中国企业,产品异质性的作用尤为重要,抢占产品特性即为抢占市场;以亚洲其他国家或地区为出口目的地的中国企业,尽管加强产品异质性有着重要作用,但不断提高生产率降低产品成本扩大出口的效果更加明显。

对于主要出口目的地为美国的企业,美国作为中国出口产品最大的单一国市场,尽管贸易摩擦不断,但需求比较稳定,只有不断提高生产率、努力提升产品特性、紧密联系美国市场的动态变化,才能实现更大的出口突破。对于主要出口目的地为日本和韩国的企业,虽有一定的地缘优势,但与中国出口产品结构较相似,中国出口企业同时面临发达国家和亚洲其他发展中国家地区的竞争,所以中国出口企业在加强产品特性和降低产品成本方面都面临激烈的竞争。对于主要出口目的地为欧盟的企业,市场需求较为多样化、对品质要求较高,不断加强产品特性是企业扩大出口首要的生产策略。而对于出口到其他国家和地区的企业,面临着不同的竞争和挑战,则应根据具体市场做出相应的判断,以实现出口的有效扩张。

139

8.3 增强中国出口企业颠覆性创新能力的启示

本书结论的一个重要方面,企业在进入和拓展海外市场过程中,特别是针对出口企业的长期发展目标,加强产品质量、功能等方面的特性都尤为重要。然而,企业要想在产品特性方面实现突破,在竞争激烈的国际市场上脱颖而出,就需要进行创新甚至颠覆性创新。在新发展格局背景下提高中国企业国际竞争力的战略性研究中,本书对增强中国出口企业颠覆性创新能力的紧迫性有重要启示。中国出口企业只有实现颠覆性创新,才能抢占先机,在未来国际竞争中立于不败之地。

颠覆性创新,并不是对已有产品、工艺以及商业模式进行局部的改进和微小的创新,而是可以影响整个行业甚至整个经济社会发展的重大创新。企业,与政府、教育和科研机构等其他创新主体相比,能够直接接触市场,可以更为准确地把握市场上的各种需求,有利于创新成果的转化。因此,那些集研发、生产和销售于一体的企业,往往具有较高的市场竞争力，世界范围内的很多颠覆性创新也都发生在那些将研发作为其核心职能之一的企业。根据世界知识产权组织发布的2019年全球创新指数报告，中国排在第14位，在本国人专利数量、本国人工业品外观设计数量等方面位居前列。然而，中国企业仍然面临颠覆性创新严重缺乏、核心技术受制于人等现状。以中兴为例，作为中国最大的通信设备上市企业，发明专利授权量在中国排名第五，却受到美国以不同借口的多次制裁，中兴之所以受制于人，主要是缺乏颠覆性创新。根据2018年工信部对全国三十多家大型企业约130种关键基础材料的调查研究，超过一半的关键材料仍然依赖进口，高端专用芯片、高端数控机床等领域进口比例高达95%。中国现行激励企业投身于颠覆性创新的政策措施有哪些？中国企业缺乏颠覆性创新的问题关键是什么？围绕增强中国出口企业颠覆性创新能力的启示，将对这些问题进行展开。

8.3.1　颠覆性创新的内涵及现行鼓励政策

熊彼特（Schumpeter，1912）最早对创新的经济效应进行了系统性分析，创新是为实现效率提高而重新组合生产要素的过程，企业只有不断创新才不会被市场淘汰，创新促进了经济的发展。他还指出，创新也是毁灭，新的技术和生产方式是对旧的技术和生产方式的毁灭，即"创造性毁灭（creative destruction）"。关于颠覆性创新的概念，最早由克莉丝汀森（Christensen，1997）提出。所谓颠覆，就是与已有的不同，颠覆性创新就是可以颠覆现有产品体验和商业模式的技术创新，聚焦被现有技术忽略的市场需求进行突破，最终取代现有技术的统治地位。相似的概念还有突破性创新、根本性创新和破坏式创新等，都是指在观念上有根本突破的重大创新。

有关颠覆性创新的实际案例有很多，为了进一步明晰颠覆性创新的定义，接下来列举两个具有代表性的案例。第一个是化学工业的案例。化学工业作为知识和资金密集型行业，出现的所有颠覆性创新大都发生在化工企业的实验室里，美国的杜邦企业就是其中一家以科研和创新闻名世界的企业。杜邦企业有着长达百年的创新纪录，不断进行突破，实现了一次又一次的颠覆。杜邦企业实验室1938年宣布了一项发明，从严格合成的材料中获得有使用价值的纤维并合成实用的合成纤维，也就是尼龙。与天然纤维不同，尼龙具有成本低、抗拉强度高、耐摩擦以及不易腐烂等特点，在纺织、机械、汽车、电器、化工设备、航空等领域得到了广泛应用，在很多领域实现了对天然纤维主体地位的颠覆和替代。第二个是电子商务行业的案例。亚马逊起初在网络上经营书籍销售业务，后来扩展到数百万种全新、翻新以及二手商品。最初驱动亚马逊网站的是一个大型的、单体的"在线书店"程序和与其相对应的单体数据库，这限制了亚马逊快速创新和规模化创新的能力，为了突破这一限制，亚马逊改变了整个系统的应用架构，并且将团队重组为众多只专注于一个具体产品或服务的功能组，实现了从每年部署几十项到每年部署数百万项新功能的颠覆性创新，这种颠覆性创新不仅包含设计和技术运用，还涉及人员管理，也就是微服务（microservice）。

为了鼓励和支持企业创新和颠覆性创新，国家和各级政府出台了很多举措，从融资、补贴、知识产权保护、搭建科技创新平台、建立企业技术中心等方面，激发企业创新和颠覆创新的动力，发挥市场和政府共同作用的有效机制，进行了重要的探索和突破。

（1）资金支持。

颠覆性创新的研发过程往往需要投入大量资本和时间，中小企业很难具备雄厚的资金基础支持其从事颠覆性创新，而大企业也会进行权衡。创新是有风险的，颠覆性创新的风险更高。如果企业创新失败，前期投入的大量研发成本就无法收回，因此能否获得资金支持是企业是否决定从事颠覆性创新的关键问题之一。实施创新驱动发展战略以来，中国采取了很多支持企业创新和颠覆性创新的举措。市场和政府共同作用，通过科技金融创新实现科技创新型企业、中小企业从事颠覆性创新融资的便利化，对从事颠覆性创新的企业进行补贴，实施重大技术创新保险补偿机制，给予企业从事颠覆性创新的资金支持。根据国务院办公厅印发的第三批关于推广支持创新相关改革举措的通知，在京津冀、上海、广东（珠三角）等 8 个试验区域，加强银行与非银行金融机构合作，运用多种模式支持科技创新型企业，通过政府和社会资本共建资金池，给予科技型中小企业一定比例的风险补偿。2015 年以来，重庆市建立并实施了重大技术装备保险补偿机制，对重大技术新产品进行保费补贴，以风险补贴的形式激励企业进行颠覆性创新。

（2）知识产权保护。

知识产权保护意在保护知识产权所有人可以获得其智力劳动所得成果产生的尽可能多的收益。知识产权的保护力度直接影响到企业从事颠覆性创新的内在动力。完善的知识产权保护是企业收回其研发成本的有力保障，如果企业面临研发成果被窃取并且无法进行有效的维权的一定风险，企业投入大量资本进行颠覆性创新的动力就会减弱。中国一直以来不断加强和完善知识产权保护制度，在创新改革试验区域，针对专利密集型产业，为提高知识产权案件审判质量和效率引入技术调查官制度，开展专利快速审查、快速确权、快速维权一站式服务，开发以降低侵权损失为主体的专利保险机制，搭建跨区域知识产权远程诉讼平台突破知识产权侵权诉讼的地域局限性。

（3）重大科技创新平台。

重大科技创新平台主要着眼于国家发展战略和重大需求，在现有科技创新平台基础上，在新材料、生物和医药等领域，建设重大科技基础设施、重点实验室以及重大工程技术研究中心等。国家层面，建设国家级重大创新平台，按照国家综合性科学中心标准建设。地方层面，建设省级或区域共建重大创新平台和产业重点创新平台。重大科技创新平台具有明确的指向性，受专项资金支持，为企业、科研院所和高校建立重大创新合作平台。以江西省为例，根据《江西省重大创新平台提升行动方案》，到 2020 年底，基本建成国家级重大创新平台 10 个、省内外重点共建创新平台 10 个以及产业重点创新平台 10 个。重大科技创新平台的建立，对企业投身颠覆性创新的激励作用主要表现在以下三个方面：第一，加强企业内部研发人员与科研院所科研人员的交流合作，突破企业内部创新能力的瓶颈，节省创新研发成本；第二，促进产业内上下游企业以及产业间企业之间的沟通协作，建立良好的学习机制，实现跨界合作，节省交易成本；第三，有利于企业引进高端科研人才，实现企业人力资本的优化配置，提升企业创新能力。

（4）企业技术中心。

企业技术中心为企业创新提供技术储备，是提高企业市场竞争力的技术支撑，有严格的认定标准。国家对企业技术中心的认定工作每年组织一次。国家通过对国民经济主要产业中创新能力较强、创新绩效较为显著的企业认定企业技术中心，鼓励和支持企业不断提升创新能力。被认定企业技术中心的企业可以享受高新技术企业和企业研发费用在应纳税额中的加计扣除等优惠政策。同时，地方政府以企业技术中心的荣誉资质为依据，为企业提供资金奖励。根据国家发展改革委办公厅发布的《国家企业技术中心 2019 年评价结果》，截至 2019 年 12 月，国家认定企业技术中心共计 1563 个，包括海尔集团企业、华为技术有限企业等。通过对这些已经具备较高经济实力和研发创新能力的模范企业的重点扶持，进一步强化企业的创新优势，持续不断地进行创新，从而促进颠覆性创新的产生。

除上述几个方面以外，在科技管理体制和人才培养等方面，也采取了很多有利于提高企业创新能力和效率的举措，例如推动技术优势企业交互持股、对创新特殊物品出入境检验检疫采取针对性监管措施、建立企业参与的职业教育发展新机制等。

8.3.2 企业科技创新现状及成因

自创新驱动发展战略实施以来，中国创新能力显著提升。根据《2019 年全球创新指数报告》，中国在 129 个经济体中创新能力排在第 14 位，与 2018 年相比上升 3 位，与 2012 年相比上升 20 位。全球创新指数包括知识产权申请率等 80 项指标，反映经济体的综合创新能力。表 8-1 汇总了 2018 年中国与五个全球科技创新先进国家专利和发明专利申请受理与授权情况，这五个国家包括美国、德国、芬兰、日本和韩国。其中，发明专利与其他专利相比，原创性和科技含量较高。

表 8-1　　2018 年部分国家专利申请受理与授权情况汇总

项目	中国	美国	德国	芬兰	日本	韩国
专利申请受理数（项）	4323112	45249	18108	1012	51832	17283
专利申请授权数（项）	2447460	28758	12093	880	34256	11815
专利授权数/受理数（%）	56.61	63.55	66.78	86.96	66.09	68.36
发明专利申请受理数（项）	1542002	38859	15427	839	45284	13875

续表

项目	中国	美国	德国	芬兰	日本	韩国
发明专利申请授权数（项）	432147	22915	9664	695	28094	8623
发明申请授权数/受理数（%）	28.03	58.97	62.64	82.84	62.4	62.15
发明专利受理数/专利受理数（%）	35.67	85.88	85.19	82.91	87.37	80.28
发明专利授权数/专利授权数（%）	17.66	79.69	79.91	78.98	82.01	72.98

资料来源：笔者根据国家统计局相关数据整理所得。

从表 8 - 1 中可以看出，专利申请受理数、授权数以及发明专利申请受理数、授权数，从绝对数量的角度，中国超过了其他国家的总和，专利申请授权超过 240 万项，发明专利申请授权超过 43 万项。然而，从授权数占受理数比例的角度，中国专利特别是发明专利远低于其他国家。其他五个国家发明专利申请数占受理数的比例均在 50% 以上，作为科技高度发达的芬兰甚至超过 80%，而中国刚刚超过 28%。同样，原创性和科技含量较高的发明专利在全部专利中的比重，中国远远落后于其他国家。中国专利申请受理和授权现状在一定程度上反映了中国具有较高原创性和科技含量的高水平创新比例仍然偏低，尽管专利数量庞大，但专利质量并没有得到相当程度的提高。进一步，反映了中国企业在"专利竞赛中"过分追求专利数量的现状，大量研发资源被微小的创新占用，颠覆性创新难以产生。

表 8 - 2 报告了上述六个国家 2014～2016 年企业研发投入和政府相应补贴的基本情况。其中，企业研发部门税收补贴比率是由经济合作与发展组织（OECD）统计数据库统计核算得到①，指数越高表示企业研发享受的税收补贴比例越高。

① 该比率的计算公式为 1 - B 指数（B - index），B 指数衡量企业在研发支出 1 美元实现盈亏平衡所需的税前收入。

表 8 – 2　　　　　　　　2014 ~ 2016 年部分国家企业研发投入和
政府相应补贴的基本情况

国家	年份	研发总支出/GDP（%）	企业研发支出/研发总支出（%）	企业研发人员数/人口总数（‰）	企业研发部门税收补贴比率	
					中小企业	大企业
中国	2014	2.02	76.94	2.08	0.15	0.15
	2015	2.06	76.43	2.08	0.15	0.15
	2016	2.10	77.18	2.15	0.23	0.15
美国	2014	2.72	71.51	4.69	0.04	0.04
	2015	2.72	71.87	4.70	0.04	0.04
	2016	2.76	72.53	4.70	0.04	0.04
德国	2014	2.88	67.65	4.59	– 0.02	– 0.02
	2015	2.93	68.65	4.96	– 0.02	– 0.02
	2016	2.94	66.75	5.02	– 0.02	– 0.02
芬兰	2014	3.15	67.71	5.43	0.22	0.22
	2015	2.87	66.67	5.43	– 0.01	– 0.01
	2016	2.72	64.51	5.03	– 0.01	– 0.01
日本	2014	3.40	77.76	4.80	0.15	0.14
	2015	3.28	78.49	4.66	0.14	0.13
	2016	3.16	80.95	4.62	0.14	0.13
韩国	2014	4.08	78.22	6.19	0.26	0.06
	2015	3.98	73.82	6.34	0.26	0.04
	2016	3.99	73.82	6.34	0.26	0.04

资料来源：笔者根据 OECD 统计数据库相关数据整理所得。

从表 8 - 2 前两列可以看出，中国企业研发支出占国内生产总值的
比重仍然较低，研发总支出在国内生产总值的比例刚刚超过 2%，研发
总支出中约 77% 来自企业。第 3 列为每一千人中企业研发人员的比例，
中国每一千个人中大约有 2 个企业研发人员，其他国家都超过了 4 个。
最后两列反映了企业研发得到的补贴力度，区分了中小企业和大企业。
与其他五个国家相比，中国企业无论是中小企业还是大企业都得到较高

程度的研发补贴。

结合上文对中国现行鼓励支持企业创新举措的梳理分析，中国企业在研发补贴方面，并不落后甚至超过了高度发达的创新强国，国家和各级政府通过多种优惠政策为企业创新特别是颠覆性创新提供资金支持。然而，中国企业真正意义的创新比例仍然与创新强国有一定差距，颠覆性创新更是寥寥无几，企业投入研发的资本特别是人力资本不足。这些都与前文中国专利质量有待提高相呼应，中国从创新大国转变成创新强国仍然有很长的路要走。

中国企业缺乏颠覆性创新，一方面企业存在逃避颠覆性创新的内在惰性，另一方面企业也存在从事颠覆性创新的外界阻力，只有彻底改变内在惰性、突破外界阻力，才能有效地激励企业投身于颠覆性创新。接下来就企业从事颠覆性创新的内在惰性和外界阻力进行简要剖析。

（1）企业存在从事颠覆性创新的内在惰性。

第一，企业对风险的规避阻碍企业创新能力的提升和从事颠覆性创新的尝试。创新是存在风险的，包括技术风险、市场风险、财务风险以及生产风险等诸多风险因素。创新是否能够成功，创新成果是否能够转化为经济效益，创新投入的成本是否能够收回、在多长时间内收回，是否能够获得全部创新所得收益？这些都是企业在从事创新之前需要评估的重要问题。然而，如果企业投身颠覆性创新，除了存在从事普通创新的所有风险因素，还意味着更高程度的风险，需要成本更高和时间更久的投入，对人力资本以及其他生产要素甚至外部环境都有更高的要求。一旦投身颠覆性创新的企业没有成功，企业不但血本无归，甚至被迫退出市场。这种情况下，出现了大量模仿者，通过对已有创新成果进行模仿或者微小的改进，既可以节省庞大的研发成本，还可以攫取真正从事颠覆性创新的企业的收益。第二，企业的市场地位滋生惰性。从事颠覆性创新的企业，需要有一定的规模、有较强的研发实力、能够长期支付高额研发费用，而这类企业往往具有较强的市场影响力甚至处于垄断地位。垄断企业是否存在足够的内在创新动力一直饱受争议，斯蒂格利茨（Stiglitz）等学者认为垄断企业缺乏创新的动力。垄断企业由于具有先动优势，对潜在竞争者形成威慑，或者通过对已有科技的微小改进抢占潜在竞争者的先机，而且由于垄断地位具有延续性，长期攫取垄断利润的企业很难将全部甚至部分垄断利润用来支付高额的研发费用。第三，企业的短视使企业放弃长期研发战略。当今世界无论是处于加速"全球化"还是已经进入"去全球化"的进程，市场都已经高度国际化和便利化，当购买创新成果比自主创新更加容易时，就会成为一种市场取向。短视的企业在不断放弃创新或者只是从事微小创新的过程中，对外部创新成果的依赖也就不断增强，企业创新能力始终停留在学习模仿的阶段，无法掌握核心技术。从长期来看，那些不能掌握核心技术的企业，尽管在短期里分得一杯羹，但最终还是会被市场淘汰。

（2）企业存在从事颠覆性创新的外界阻力。

第一，尽管鼓励和支持企业创新的政策和举措繁多，但针对企业颠覆性创新的政策和具体举措仍较为缺乏。企业与企业间、企业与科研院所之间的交流合作达到怎样的参与深度，政府支持举措达到怎样的力度，知识产权保护达到怎样的强度，才能实现企业颠覆性创新，而不仅仅是普通创新，这些都需要进行深入细致的反复实践和考察，举措实施力度的模糊和缺乏针对性会使政策效果大打折扣。第二，体制创新滞后于企业颠覆性创新需求。教育体制改革不够深化，在培养人才创新思维和鼓励大胆尝试创新等方面比较欠缺。企业实现颠覆性创新的关键是人才，既需要具有创新精神的研发人员，也需要具有创新精神的企业家。除了教育体制，科技管理体制等体制因素阻碍了企业颠覆性创新的实现。第三，发达国家对中国的技术封锁。随着贸易保护主义不断抬头，发达国家对中国高精尖领域的技术封锁从未停止。一些国家对中国限制部分高科技产品和中间产品的出口，限制科技关键领域的人才交流，以各种借口制裁中国在外投资的科技创新型企业，对中国实行技术封锁。尽管中国已经有一部分企业在信息与通信技术等领域形成了后发优势，但国外老牌企业仍然掌握行业核心技术，对中国企业的技术封锁阻碍了颠覆性创新的尽早出现。因此，中国企业实现颠覆性创新面临更多挑战。

另外，政策效果的显现需要时间，企业缺乏颠覆性的现状可能与很多尤其近几年刚开始推行的政策效果尚未显现有关，不能简单地否定已有政策的有效性，然而，现行政策仍然需要在实践中不断完善。

8.3.3　世界创新强国的发展经验

（1）设立和发挥科研中介机构职能。

芬兰作为有着强大创新能力的北欧国家，很多颠覆性创新发生在这个国家的企业中。在其国家系统中有一个层级进行政策落实和部门协调，推动科技成果高效地转化为生产力，包括国家技术创新局、科技创新基金会和国家技术研究中心三个机构。这三个机构通过直接资金扶持、贷款、提供专业服务等方式鼓励和支持企业创新。值得注意的是，这三个机构在政府举措与市场运作、初创企业与风险投资机构、企业与科研机构之间重要的中介作用。韩国研究开发信息中心也起到了类似的作用。通过参与国家科技战略研究制定、给企业提供专业咨询深化政策落实，通过实施专项计划、联结企业与风险投资机构帮助企业融资，通过基于高校和科研机构的基础研究开展与企业的项目应用研究高效地推进科研成果在企业转化。另外，对于中小企业直接提供无偿资助。科研中介机构有效分担了企业从事颠覆性创新的风险、以科研院所的科研成果储备服务企业研发、帮助企业提高自身创新能力，在科技创新各部门之间形成了重要纽带和高效沟通机制。

（2）大力培养和吸收高科技人才。

在培养高科技人才方面，除了要加强专业素养，也要注重培养创新精神，具备创新精神和探索热情才不会沉溺于投资少、风险小、回报快的短视策略中。韩国在跳跃模仿创新阶段过程中，在实施一系列支持创新的资金政策同时，加强高科技人才的培养，并且制订了"企业聘用海外科学技术人才制度"，往企业运输大量人才，每1000个韩国人里超过6人为企业研发人员，高于美国等其他科技强国，而中国每1000人只有2人为企业研发人员。在全球范围内吸引人才，平衡企业和科研院所的高科技人才，促进企业高科技人才多元化，是提高企业创新能力的关键之一。

（3）建立和完善外包支持系统。

美国硅谷聚集着众多高科技企业，其中大部分企业规模较小，外包支持系统的建立和完善实现了中小企业进行颠覆性创新的可能。外包支持系统通过中小企业之间高效的信息交流与合作，能够将创意在较短时间内转化成产品满足生产和销售服务需求，进行批量化生产，企业可以集中资源从事研发。解决中国企业特别是中小企业研发资金不足、科研人员短缺等问题可以借鉴这类企业外包支持系统，通过将非核心业务外包给其他企业、与其他企业进行合作，精简企业自身业务，将生产要素集中投入研发创新、不断创新和颠覆性创新。

总之，改变中国企业缺乏颠覆性创新的困境，需要总结中国长期以来的实践经验，借鉴创新强国的先进理念，不断完善鼓励支持创新政策，进一步深化体制改革，加强培养科技人才自主创新精神，积极发掘企业从事颠覆性创新的能力，充分发挥企业从事颠覆性创新的积极性，给予企业从事颠覆性创新大力支持。

8.4　加强专利制度协同体系建设的启示

中国出口企业想要实现不断创新甚至颠覆性创新，离不开专利制度的不断完善。同时，专利制度协同体系的建设仍然需要进一步加强。实施创新驱动发展战略以来，中国创新能力得到显著提升。《2019 年全球创新指数报告》发布的全球 129 个经济体创新能力年度排名中，中国位居第 14，比 2018 年上升 3 位，比 2012 年上升 20 位。其中，全球创新指数衡量指标之一的本国人专利数量也位居前列。然而，中国的创新能力与发达国家相比仍然存在一定差距，最主要的表现是，虽然中国创新的后发优势明显，但是核心技术受制于人、缺乏企业颠覆性创新。近年来，以企业为主体的创新体系逐步得到完善，企业作为创新主体，能够更好地了解市场偏好，通过技术优势实现产品优势，改善科技创新与经济发展相分离的局面，但是，解决从创新大国转变成创新强国问题的关键仍然在于如何激励企业从事颠覆性创新。

8.4.1　专利制度对企业颠覆性创新的激励作用

激励企业从事颠覆性创新的最直接动力，就是确保企业能够尽可能多地得到其创新回报。专利权保护是知识产权保护的一种，意在确保专利发明创造人可以获得最大收益，从而激励创新。发明创造人在专利权保护下，通过对专利排他性使用、许可或转让，尽可能获得其研发成本的所有回报。如果没有专利权的保护，每个企业都可以免费利用其他企业的创新成果，在有大量"免费乘车者"的情况下，任何企业都没有动力投入大量资金和人力资本进行创新特别是颠覆性创新。并且，专利在申请批准过程中，发明创新的内容也会公之于世，以便推进新的创新。因此，对专利权的有力保护无疑可以激励整个社会不断进行创新。2020年1月15日，中国与美国签署的第一阶段经贸协议中，从商业秘密保护等多方面加强了对知识产权保护的力度，这与中国长期不断加强和完善专利制度的思路相一致，这也意味着未来中国对专利权等知识产权的保护力度将会进一步加强。

每一项创新都是基于已有的创新，保护某一项创新排他性使用权利的同时，也意味着阻碍了另一项或者另一些创新的发生，专利也因此可以成为企业维持其市场实力的工具，甚至造成资源错配。波德琳等（Boldrin et al.，2013）以及西摩里等（Cimoli et al.，2014）讨论了专利制度对企业创新和社会发展的抑制作用。斯蒂格利茨（2014）认为，无论在发达国家还是发展中国家，即使是高度完善的专利制度，都会抑制创新，并且指出专利制度本身的某些特点导致了对企业颠覆性创新的抑制作用。值得注意的是，专利制度会导致微小的创新频繁地发生，从而抑制颠覆性创新的推进。因此，激励企业从事颠覆性创新，需要其他制度对专利制度进行补充，通过协同作用，在充分发挥专利制度优势的同时，抵消专利制度的不利作用。

在中国，加强和完善专利制度的重要性已经得到充分认识（陈凤仙和王琛伟，2015；刘思明等，2015；毛昊，2016），专利制度设计也得到了长足发展。但是，作为专利制度补充的协同体系并没有得到足够重视，发展也较为滞后。已有文献中关于促进企业创新和颠覆性创新的专利制度协同体系的讨论，主要基于政府投资和补贴研发、奖励创新以及选择性产业政策等角度。接下来就专利制度对企业颠覆性创新可能产生的激励作用和抑制作用的机理进行剖析，进一步说明专利制度协同体系建设的重要性，并借鉴发达国家建立完整创新体系的经验，提出能够促进中国企业颠覆性创新的协同体系建设方向性建议。

8.4.2 专利制度对企业颠覆性创新的抑制作用

（1）"先申请"原则增加企业从事颠覆性创新的风险。

中国专利申请采取"先申请"原则，也就是说，两个以上的申请者分别就同一项发明创造申请专利，专利权授予最先提出申请的申请者。"先申请"原则意在保护和鼓励最早公开知识和技术的企业、机构或个人，从而激励创新。这相当于一场专利比赛，比赛导致了一种可能的结果，"先到"的企业获得专利，而这项专利所带来的私人收益超过了社会收益。

第一，"先申请"原则使得原本可能投身于颠覆性创新的企业望而却步。私人收益超过社会收益，可以被看作研究较快的企业应得的奖励，也可以被视为某种形式的掠夺，即通过更快速的研究得到了全部收益，其中包括那些本该属于其他企业或更多企业的收益。事实上，多个企业分别投入大量资金和人力资本研发同一种技术、产品或产品特性，而颠覆性创新往往需要投入更多、周期更长，其中第一个研发成功的企业将获得所有收益，而其他企业只是"陪跑者"，第一名申请专利成功，其他企业的研发投入将无法得到任何相应的回报。这场先发布即赢得全部的比赛会使大部分企业退出，因为大部分企业都将可能血本无归，只剩下行业的"领跑者"，并且长期维持着其领跑地位。

第二，竞相"先到"导致微小创新频繁发生，从而减少了颠覆性创新的发生。尽管有时候微小创新也可以颠覆已有技术体系，但是在大多数情况下，滋生了大批模仿者，他们通过微小改进获得新的专利，投入较少研发成本获得较大回报，而真正颠覆性创新者的研发回报遭到侵占。因为只有"先到"才能赢得比赛，速度尤为重要，创新的时间成本成为首要考虑，那些颠覆性创新成了企业的负累。为了赢得比赛，企业需要在最短时间内领先其他竞争对手，微小创新成为参赛者的最佳策略，竞相"先到"又会使得企业快速进入下一轮专利比赛，微小创新将成为企业生存和发展的长期最佳选择。最终，那些本可以投入到颠覆性创新的资源和时间被挪用，导致微小创新林立、颠覆性创新缺乏。

第三，在信息不对称的情况下，专利制度"先申请"原则的副作用可能更大。由于信息不对称，企业对自身和竞争对手或潜在竞争对手的创新能力不能做出准确判断。企业如果高估了对方的创新能力，很可能提前退出这场为赢得专利的创新比赛，如果这样的企业占大多数，将阻碍整个产业甚至整个社会的创新；企业如果低估了对方的创新能力，过分自信会使得企业不惜投入大量成本，最终这些沉没成本将无法收回，如果这样的企业占大多数，将造成没有经济价值的过度研发和资源浪费，虽然创新投资总额有所增加，但也很难出现颠覆性创新。即使企业能够对自身和竞争对手的创新能力做出准确判断，由于企业对各自的商业机密采取保密措施，使得不同企业同时追求高度相关的研发策略，导致一部分甚至大部分研究可能是重复的，第一个公布研发结果的企业将获得所有回报，其他企业只能一无所获。另外，由于"先到"即获得全部收益，这使得企业创新投资的风险更高、一无所获的可能性更大，越是核心技术的研发，往往周期更长、投入更大、风险更高，而外部融资评估主要是基于对企业创新成功可能性的判断，在不完全信息下，融资难的问题使得企业不得不停留在颠覆性创新的起点。

（2）排他性通过形成垄断利润抑制企业颠覆性创新。

专利权赋予专利拥有者排他性使用专利的权利，限制了其他人和企业对知识的获取和使用，也就赋予了专利拥有者在该项知识或技术上的垄断权力，这会产生垄断生产的权力，限制其他企业进入该领域或相关领域，然而，垄断利润并不会全部用来创新，所以，减少了整个行业甚至整个社会颠覆性创新发生的可能性。

第一，垄断利润和潜在竞争对企业颠覆性创新的激励有限。由于存在先动优势，企业利用专利建立起作为创新者的声誉，从而拥有忠诚的消费群体，甚至占领大部分市场，其他企业的市场份额被压缩甚至被挤出行业，创新者成为垄断者。垄断者会抢占潜在竞争者的先机，只要比任何潜在竞争对手在研发上都多投入一点，就可以获得垄断利润。垄断者不仅阻止了新企业的进入，还阻止了新的创新发生，也不会有动力从事颠覆性创新。以熊彼特为开拓者的学者们认为垄断利润和潜在竞争可以激励企业不断创新，但是，如果企业创新是为了维持其垄断地位和获得垄断利润，而不是为了更好地满足市场需求，垄断企业通过专利对潜在竞争者设置难以克服的进入壁垒，在专利到期之前进行微小改进获得新的专利从而延长对该项技术的垄断时间，尽管市场对产品或技术的创新方向有异质性需求，但并不会被纳入垄断企业创新的首要考虑，那么这样的创新也不会有利于提高社会福利，也就违背了创新驱动发展的初衷。一旦垄断势力持续下去，市场被扭曲，潜在竞争的威胁对颠覆性创新的激励十分有限。

第二，不存在潜在竞争的情况将更加糟糕。当垄断企业手中的专利足够多或足够威慑所有潜在进入者时，潜在竞争也不复存在，垄断企业会变得效率低下、安于现状，不会受到任何地位威胁的垄断企业没有动机将垄断利润的一部分用于新的研发，更没有动机推动颠覆性创新。不存在潜在竞争的情况有很多，比如在贷款人对企业创新成功可能性的判断基于企业能否撼动拥有大量专利的行业巨头地位的情况下，每个企业能够得到融资的机会都会降低，除垄断企业外，其他企业的创新理念因为资金不足而无法付诸实践，潜在竞争被扼杀。

（3）专利制度其他特点造成的对企业颠覆性创新的抑制作用。

专利对已有知识的覆盖提高了企业从事颠覆性创新的成本。专利应该只是保护新知识或新技术，然而，知识和技术新旧的划分并不总是那么明确，甚至时常比较模糊，在某种程度上，专利会不可避免地扩展并覆盖已有的知识或技术，这种情况下，尽管创新企业使用的是已经公开的知识或技术，也有可能被卷入侵权诉讼。颠覆性创新由于涉及的知识和技术繁多复杂，对已有知识和技术覆盖的可能性也更大，无论直面侵权诉讼还是采取息事宁人的态度，创新企业都会遭受巨大损失。在专利制度下，当购买技术比创新更为便利时，市场取向会使得企业对外部技术的依赖不断固化，核心技术受制于人。

专利实现商业化，通过转让、许可等方式，覆盖企业专利研发成本并获得收益。已有专利的商业化也可以为进一步专利开发和专利保护提供资金支持，为企业不断创新提供持续动力。与此同时，也会滋生"专利流氓"。"专利流氓"是指那些通过发动专利侵权诉讼而生存的组织或个人，有些甚至在其业务领域丧失优势的情况下，利用已经闲置的专利发动侵权诉讼，其最终目的是获取专利许可费或赔偿金。毛昊等（2017）研究发现，中国可能存在的本土"专利流氓"所发起的诉讼主要集中在传统制造业，降低了专利制度的运行效率。对于创新企业来说，如果专利被"专利流氓"利用，专利就变成具有强大威慑力的杀伤性武器。"专利流氓"对专利的持有权通常通过购买获得，等待某个企业或个人成功生产一种可能会侵犯他们所持有专利的产品，声称创新者侵犯了自己的专利，榨取创新者的利润。颠覆性创新往往需要众多组成部分和想法，每个部分和想法都可以单独申请专利，因此，企业进行颠覆性创新需要得到一系列专利持有者的同意或许可，这不仅造成一个复杂的谈判问题，还导致企业成为"专利流氓"攻击目标的可能性大大增加。

由于专利的价值不断被挖掘，拥有专利数量的多少也决定了企业多大程度上限制竞争对手或受制于竞争对手，因此对专利数量的追求，也成为专利竞赛的目标之一。政府不当的专利鼓励政策加剧了企业对专利数量的过分追求（张杰和郑文平，2018）。根据国家知识产权局发布的2019年1~9月数据：发明专利，申请99.8万件，授权34.6万件，授权率为34.7%；实用新型专利，申请160.3万件，授权114.9万件，授权率为71.7%；外观设计专利，申请52.9万件，授权39.8万件，授权率为75.2%。由此可见，与实用新型专利和外观设计专利相比，原创性和科技含量较高的发明专利申请授权率仍然较低。毛昊（2018）论证了中国实用新型专利未能进入理论预期的被发明专利替代的模式，过度"膨胀"的实用新型专利对中国经济增长产生了显著负向冲击。在追求专利数量的过程中，大量资源被投入研发周期相对较短、原创性和科技含量较低的研发中，研发资源错配导致颠覆性创新的数量只能在最优水平之下。

8.4.3　加强专利制度协同体系建设的政策建议

作为国家创新体系重要组成部分的专利制度，在不断加强和完善的过程中，上述问题一直存在，并将继续存在，即使在专利制度比较健全和完善的发达国家，专利制度本身的这些特点也对企业颠覆性创新产生抑制作用。因此，美国和北欧等发达国家在克服专利制度对企业颠覆性创新抑制作用的制度创新方面做了许多探索，经验值得借鉴。在专利制度不可被取代并且需要不断完善的情况下，同步发展其他协同体系至关重要，从而尽可能减小专利制度对创新的不利作用，这对激励中国企业进行颠覆性创新有着重要意义。

（1）奖励制度。

需要对奖励制度进行区分，与中国各省级政府实施的专利资助奖励政策不同，此处提到的奖励是对企业创新的奖励而不是对企业所得专利的奖励。除了获得专利权，企业从事颠覆性创新还可以通过其他方式获得回报。斯蒂格里茨（2014）认为，尽管奖励的想法已经比较古老，但仍不失为专利制度的有效补充制度，甚至在某些领域可以替代专利制度。事实上，在很多领域，比如数学和生物学等领域，那些最重要的知识进步和创新，既没有专利制度保护也没有专利制度激励。奖励制度可以作为专利制度的一种补充形式，从某种角度，专利制度是以在一定时间内排他性使用创新成果为奖励的制度。对于创新成功的企业，奖金和荣誉都可以作为奖励，但是没有排他性使用创新成果的权利，在获得奖励的同时，创新成果可以被所有进行未来创新的企业和个人获得和使用，这些从事未来创新的企业和个人也无须向所使用成果的研发者缴纳各种费用。根据创新程度，获得不同档次的奖励。一方面，创新企业通过获得奖金收回创新成本，奖金的一部分来源于政府，毕竟，真正意义上的创新是有利于整个社会福利提高的。这部分来自政府的资金是创新带来的所节省社会成本的贴现，这个贴现值的预估将是复杂的，可以采用预付的形式，根据后期实际节省社会成本的具体情况进行动态修正，这一过程也更有利于创新成果的转化。另一方面，创新企业还可以通过荣誉奖励在行业内和市场上获得良好的声誉，为创新企业赢得竞争对手的认可和消费者的信赖。荣誉奖励带来品牌效应，创新者因其声誉拥有更多忠诚的消费者。由于并不限制创新成果的使用权，竞争对手会立刻向其看齐，从而压低市场价格，阻止垄断价格的形成。创新企业虽然占有较大的市场份额，但并没有攫取垄断利润。同时，创新企业和竞争对手会快速投入下一轮创新，创新的总体进程将被加快。在这种情况下，某个企业长期垄断市场的概率被降低，企业浪费在广告和反竞争行为方面的投入得到节省，企业为了长期生存和发展将会更多地考虑消费者的需求，只有不断满足消费者的新需求，才能更有力地抢占市场，整个社会的福利也会得到提高。

（2）搭建企业研发资源共享平台。

搭建企业研发资源共享平台的思路来源于软件领域的开源运动。开源运动已经成为创新的重要来源，尽管其最初成功发生在软件领域，在其他领域的有效性也会逐渐展现。派瑞（Parry，2019）指出，长期以来，人们一直以为，专利是实现投资于生物发明制造的重要机制，然而，开源正在新兴生物领域挑战专利制度的地位。之所以最初发生在软件领域，主要由于当时从事软件开发的主体为来自高校和科研机构的科研人员，在他们看来，软件开发是学术活动，因此作为学术成果的研发结果也应该共享。通过开放软件源代码，可以避免软件研发者对基础程序的重复开发，降低研发成本，还可以促进研发者们的交流合作，推进了软件行业的创新和发展。与专利制度相反，开源强调研究的协作性，开放的环境促进了后续研究。是否可以将开源推广到更多领域激励企业创新尤其是颠覆性创新，取决于企业是否有参与开源的动机。首先，搭建企业研发资源共享平台降低企业的创新成本。企业通过开源，甚至搭建平台组建开源社区，吸引来自高校和科研机构的科研人员，企业内部研发人员和这些科研人员进行协作，弥补企业自身创新能力不足的同时并没有增加多余投入，研发时间也被缩短，节省大量时间成本。其次，搭建企业研发资源共享平台提高企业知名度。企业在开放基础知识和技术的同时，也在传播自己产品或服务的信息，提高企业在行业内的知名度，有利于吸引人力资本，也一定程度地提高企业在市场上的知名度，节省一部分广告投入。最后，搭建企业研发资源共享平台缩小企业与行业领先者的差距。搭建企业研发资源共享平台有利于建立良好的学习机制，有利于企业学习行业领先者的先进知识和技术，增加中小企业从事颠覆性创新的可能。

（3）政府资助与协调。

创新是对未知的探索，其结果具有不确定性，因此创新本身是有风险的，而颠覆性创新的结果不确定性更大，风险也就更高。在对创新不当或不完善的激励机制下，创新的风险会更高。无论是专利制度还是奖励制度，都缺乏协调，而搭建企业研发资源共享平台只能进行部分自我协调，过度复制的风险依然存在。这种情况下，政府资助研究的优势就显现出来，通过政府统筹协调，整个社会的创新可以更加高效，配置在颠覆性创新的资源也更接近最优水平。马祖卡图（Mazzucato，2013）充分展示了政府资助与协调在促进企业革命性创新方面发挥的重要作用。北欧国家及其企业领先全球的创新能力主要来自政府鼓励创新的资助和协调。协调不仅对进行创新的人力资本和项目数量有着重要的影响，还可以实现最优的创新项目组合。最优创新项目组合将每个项目的边际贡献和进程纳入考虑，重复创新的风险会降低。政府资助的最大特点是政府资助发生在创新活动之前，而在专利制度中，只有企业创新成功之后并且要比竞争对手更早成功才能得到成本的分担。借鉴学术界的基金设置，政府可以建立面向企业的创新基金，企业根据自己的创新能力进行申报，基金委员会进行评估，最终那些最有可能创新成功的企业获得基金，创新能力比较强的企业获得进行颠覆性创新的基金，对于阶段性成果显著的项目可以进行资金的追加。这就使得企业在进行创新活动之前，进行自我筛选和社会筛选，大大降低企业进行颠覆性创新的风险。

专利制度由于其制度本身的特点对企业颠覆性创新有抑制作用。专利制度的"先申请"原则、排他性、对已有知识的覆盖以及专利价值被充分挖掘和利用带来的负面效果，限制了企业进行颠覆性创新的资源，减少了企业投身颠覆性创新的动力。借鉴部分创新能力领先的发达国家建立国家创新体系的经验，同步发展专利制度的协同体系至关重要。奖励制度、搭建企业研发资源共享平台以及政府资助和协调可以作为协同体系选择，对专利制度进行补充，从而加强对企业颠覆性创新的激励。

奖励制度、搭建企业研发资源共享平台以及政府资助和协调，在激励企业颠覆性创新方面也都有其局限性。比如，奖励制度缺乏协调，搭建企业研发资源共享平台需要满足特定的行业特征，政府资助和协调导致官僚主义等。这就需要专利制度与这些制度相互补充，协同发挥作用。因此，激励企业进行颠覆性创新，需要把专利制度作为国家创新体系的一部分，需要政府必要的协调和干预，在专利制度和其他激励创新的途径之间进行权衡，充分考虑不同制度的交易成本和对知识传播的影响，创新资源的分配和选择才能够更加合理，企业颠覆性创新才能够接近最优水平。

主要参考文献

［1］安虎森：《新经济地理学原理》，经济科学出版社 2009 年版。

［2］白东北、张营营、王珏：《产业集聚与中国企业出口行为：基于企业劳动力成本的研究》，载于《世界经济研究》2019 年第 11 期。

［3］曹亮、袁德胜、徐小聪、徐阳：《建交时间与企业农产品出口二元边际：出口目的地视角》，载于《宏观经济研究》2016 年第 4 期。

［4］陈凤仙、王琛伟：《从模仿到创新——中国创新型国家建设中的最优知识产权保护》，载于《财贸经济》2015 年第 1 期。

［5］陈雯、孙照吉：《劳动力成本与企业出口二元边际》，载于《数量经济技术经济研究》2016 年第 9 期。

［6］陈勇兵、李燕、周世民：《中国企业出口持续时间及其决定因素》，载于《经济研究》2012 年第 7 期。

［7］崔凡、邓兴华：《异质性企业贸易理论的发展综述》，载于《世界经济》2014 年第 6 期。

［8］程玉坤、周康：《融资约束与多产品出口企业的二元边际：基于中国企业层面的分析》，载于《南方经济》2014 年第 10 期。

［9］戴觅、余淼杰、Madhura Maitra：《中国出口企业生产率之谜：加工贸易的作用》，载于《经济学（季刊）》2014 年第 2 期。

［10］戴觅、余淼杰：《企业出口前研发投入、出口及生产率进步——来自中国制造业企业的证据》，载于《经济学（季刊）》2012 年第 1 期。

［11］戴明明、张志华：《进出口贸易数据三种海关统计方式的区别与作用》，载于《国际市场》2006 年第 8 期。

［12］蒋灵多、陈勇兵：《出口企业的产品异质性与出口持续时间》，载于《世界经济》2015 年第 7 期。

［13］蒋灵多、谷克鉴、陈勇兵：《中国企业出口频率：事实与解

释》，载于《世界经济》2017 年第 9 期。

［14］蒋灵多、陆毅、陈勇兵：《城市毗邻效应与出口比较优势》，载于《金融研究》2018 年第 9 期。

［15］金宇、王培林、富钰媛：《选择性产业政策提升了中国专利质量吗？——基于微观企业的实验研究》，载于《产业经济研究》2019 年第 6 期。

［16］李方静：《企业生产率、产品质量与出口目的地选择——来自中国制造业企业微观层面证据》，载于《当代财经》2014 年第 4 期。

［17］李酣、张继宏：《国际贸易中的产品质量异质性研究进展》，载于《中南财经政法大学学报》2015 年第 1 期。

［18］李建萍、辛大楞：《异质性企业多元出口与生产率关系视角下的贸易利益研究》，载于《世界经济》2019 年第 9 期。

［19］李建萍、张乃丽：《比较优势、异质性企业与出口"生产率悖论"——基于对中国制造业上市企业的分析》，载于《国际贸易问题》2014 年第 6 期。

［20］李秀芳、施炳展：《补贴是否提升了企业出口产品质量？》，载于《中南财经政法大学学报》2013 年第 4 期。

［21］李秀芳、施炳展：《中间品进口多元化与中国企业出口产品质量》，载于《国际贸易问题》2016 年第 3 期。

［22］李志远、余淼杰：《生产率、信贷约束与企业出口：基于中国企业层面的分析》，载于《经济研究》2013 年第 6 期。

［23］刘斌、屠新泉、王杰：《出口目的地与出口企业生产率》，载于《财经研究》2015 年第 11 期。

［24］刘斌、王乃嘉：《制造业投入服务化与企业出口的二元边际——基于中国微观企业数据的经验研究》，载于《中国工业经济》2016 年第 9 期。

［25］刘洪春、夏昊翔：《基于政府补贴的协同创新协调机制研究》，载于《工业技术经济》2019 年第 4 期。

［26］刘慧、綦建红：《生产率与出口企业市场进入次序的双向影响——来自中国工业企业的证》，载于《财经论丛》2016 年第 4 期。

［27］刘慧、綦建红：《我国文化产品出口增长的二元边际分解及其影响因素》，载于《国际经贸探索》2014 年第 6 期。

[28] 刘思明、侯鹏、赵彦云：《知识产权保护与中国工业创新能力——来自省级大中型工业企业面板数据的实证研究》，载于《数量经济技术经济研究》2015 年第 3 期。

[29] 刘祥霞、安同信、陈宁宁：《中国制造业出口增长的二元边际和行业结构特征——基于企业异质性贸易理论的实证分析》，载于《经济问题探索》2015 年第 12 期。

[30] 刘晓宁：《中国出口产品质量的综合测算与影响因素分解》，载于《数量经济技术经济研究》2021 年第 8 期。

[31] 刘晓宁、刘磊：《贸易自由化对出口产品质量的影响效应——基于中国微观制造业企业的实证研究》，载于《国际贸易问题》2015 年第 8 期。

[32] 刘晓宁、刘磊：《企业出口强度与产品质量的相互影响——质量促进效应还是出口学习效应》，载于《财贸研究》2016 年第 6 期。

[33] 刘志成、刘斌：《贸易自由化、全要素生产率与就业——基于 2003—2007 年中国工业企业数据的研究》，载于《南开经济研究》2014 年第 1 期。

[34] 鲁晓东、连玉君：《中国工业企业全要素生产率估计：1999—2007》，载于《经济学（季刊）》2012 年第 2 期。

[35] 吕越、黄艳希、陈勇兵：《全球价值链嵌入的生产率效应：影响与机制分析》，载于《世界经济》2017 年第 7 期。

[36] 马述忠、吴国杰：《中间品进口、贸易类型与企业出口产品质量——基于中国企业微观数据的研究》，载于《数量经济技术经济研究》2016 年第 11 期。

[37] 毛海涛、钱学锋、张洁：《中国离贸易强国有多远：基于标准化贸易利益视角》，载于《世界经济》2019 年第 12 期。

[38] 毛昊：《创新驱动发展中的最优专利制度研究》，载于《中国软科学》2016 第 1 期。

[39] 毛昊、尹志峰、张锦：《策略性专利诉讼模式：基于非专利实施体多次诉讼的研究》，载于《中国工业经济》2017 年第 2 期。

[40] 毛昊、尹志峰、张锦：《中国创新能够摆脱"实用新型专利制度使用陷阱"吗》，载于《中国工业经济》2018 年第 3 期。

[41] 倪红福：《中国出口技术含量动态变迁及国际比较》，载于

《经济研究》2017 年第 1 期。

[42] 聂辉华、江艇、杨汝岱：《中国工业企业数据库的使用现状和潜在问题》，载于《世界经济》2012 年第 5 期。

[43] 彭国华、夏帆：《中国多产品出口企业的二元边际及核心产品研究》，载于《世界经济》2013 年第 2 期。

[44] 钱学锋、王备：《异质性企业与贸易政策：一个文献综述》，载于《世界经济》2018 年第 7 期。

[45] 钱学锋、王胜、陈勇兵：《中国的多产品出口企业及其产品范围：事实与解释》，载于《管理世界》2013 年第 1 期。

[46] 钱学锋、熊平：《中国出口增长的二元边际及其因素决定》，载于《经济研究》2010 年第 1 期。

[47] 邱斌、闫志俊：《异质性出口固定成本、生产率与企业出口决策》，载于《经济研究》2015 年第 9 期。

[48] 邱斌、闫志俊：《异质性企业理论的研究综述——基于异质性出口固定成本的最新动态》，载于《经济问题探索》2014 年第 10 期。

[49] 沈鸿、顾乃华、陈丽娴：《开发区设立、产业政策与企业出口——基于二元边际与地区差异视角的实证研究》，载于《财贸研究》2017 年第 12 期。

[50] 施炳展：《FDI 是否提升了本土企业出口产品质量》，载于《国际商务研究》2015 年第 2 期。

[51] 施炳展：《中国企业出口产品质量异质性：测度与事实》，载于《经济学（季刊）》2014 年第 1 期。

[52] 施炳展、逯建、王有鑫：《补贴对中国企业出口模式的影响：数量还是价格?》，载于《经济学（季刊）》2013 年第 4 期。

[53] 施炳展、邵文波：《中国企业出口产品质量测算及其决定因素——培育出口竞争新优势的微观视角》，载于《管理世界》2014 年第 9 期。

[54] 施炳展、王有鑫、李坤望：《中国出口产品品质测度及其决定因素》，载于《世界经济》2013 年第 9 期。

[55] 谭赛月明、肖光恩、朱爱勇：《融资约束、产品质量与出口目的地选择》，载于《南方经济》2017 年第 5 期。

[56] 田巍、余淼杰：《企业出口强度与进口中间品贸易自由化：

来自中国企业的实证研究》，载于《管理世界》2013 年第 1 期。

[57] 田巍、余淼杰：《企业生产率和企业"走出去"对外直接投资：基于企业层面数据的实证研究》，载于《经济学（季刊）》2012 年第 2 期。

[58] 魏方：《生产率和产品品质双重异质性对企业出口的影响：文献综述》，载于《国际贸易问题》2015 年第 1 期。

[59] 王孝松、施炳展、谢申祥、赵春明：《贸易壁垒如何影响了中国的出口边际？——以反倾销为例的经验研究》，载于《经济研究》2014 年第 11 期。

[60] 王永进、施炳展：《上游垄断与中国企业产品质量升级》，载于《经济研究》2014 年第 4 期。

[61] 吴腊梅、李艳军：《中国农产品出口目的地与企业生产率》，载于《宏观经济研究》2017 年第 8 期。

[62] 席艳乐、胡强：《企业异质性、中间品进口与出口绩效——基于中国企业微观数据的实证研究》，载于《产业经济研究》2014 年第 5 期。

[63] 邢洁、刘国亮：《产品吸引力、全要素生产率与企业出口市场份额》，载于《产业经济评论》2019 年第 3 期。

[64] 邢洁、刘国亮：《产品异质性、生产率与企业出口二元边际》，载于《制度经济学研究》2020 年第 2 期。

[65] 邢洁、刘国亮：《产品异质性、生产率与企业出口目的地》，载于《产业经济评论》2020 年第 2 期。

[66] 许明、邓敏：《产品质量与中国出口企业加成率——来自中国制造业企业的证据》，载于《国际贸易问题》2016 年第 10 期。

[67] 余淼杰：《加工贸易、企业生产率和关税减免——来自中国产品面的证据》，载于《经济学（季刊）》2011 年第 4 期。

[68] 余淼杰：《中国的贸易自由化与制造业企业生产率：来自企业层面的实证分析》，载于《经济研究》2010 年第 12 期。

[69] 余淼杰、张睿：《中国制造业出口质量的准确衡量：挑战与解决方法》，载于《经济学（季刊）》2017 年第 2 期。

[70] 余心玎：《企业出口与生产率的关系——基于中国工业企业数据的实证研究》，载于《技术经济》2014 年第 4 期。

［71］余振京：《对海关贸易统计数据加工中的误差分析》，载于《中国海关》2000年第10期。

［72］张杰、郑文平：《创新追赶战略抑制了中国专利质量么?》，载于《经济研究》2018年第5期。

［73］张俊美：《出口产品质量、出口关系存续与增长》，载于《中南财经政法大学学报》2019年第4期。

［74］张坤、侯维忠、刘璐：《中国企业存在"出口—生产率悖论"吗?》，载于《产业经济研究》2016年第1期。

［75］张鹏杨、李众宜、毛海涛：《产业政策如何影响企业出口二元边际》，载于《国际贸易问题》2019年第7期。

［76］张夏、汪亚楠、施炳展：《事实汇率制度、企业生产率与出口产品质量》，载于《世界经济》2020年第1期。

［77］张艳、唐宜红、李兵：《中国出口企业"生产率悖论"——基于国内市场分割的解释》，载于《国际贸易问题》2014第10期。

［78］郑方辉、方雪贤：《出口消费品质量评价体系及其实证研究——以2012年度广东为例》，载于《南方经济》2014年第6期。

［79］朱晟君、胡绪千、贺灿飞：《外资企业出口溢出与内资企业的出口市场开拓》，载于《地理研究》2018年第7期。

［80］祝树金、段凡、邵小快、钟腾龙：《出口目的地非正式制度、普遍道德水平与出口产品质量》，载于《世界经济》2019年第8期。

［81］Ackerberg D. , Chen X. , Hahn J. and Liao Z. , Asymptotic Efficiency of Semiparametric Two – Step GMM. *Review of Economic Studies*, Vol. 81, No. 3, 2014, pp. 919 – 943.

［82］Ackerberg D. , Caves K. and Frazer G. , Identification Properties of Recent Production Function Estimations. *Econometrica*, Vol. 83, No. 6, 2015, pp. 2411 – 2451.

［83］Ackerberg D. , Caves K. and Frazer G. , Structural Identification of Production Functions. *MPRA Paper*, Vol. 88, No. 453, 2006, pp. 411 – 425.

［84］Ahn S. , Fukao K. and Kwon U. , The Internationalization and Performance of Korean and Japanese Firms: An Empirical Analysis Based on Micro – Data. *Seoul Journal of Economics*, Vol. 17, No. 4, 2004, pp. 39 –

482.

[85] Aghion, Philippe, Peter Howitt and Susanne Prantl, Patent Rights, Product Market Reforms, and Innovation. *Journal of Economic Growth*, Vol. 20, No. 3, 2015, pp. 223 – 262.

[86] Anderson S., Schmitt N. and Thisse J., Who Benefits from Antidumping Legislation. *Journal of International Economics*, Vol. 38, 1995, pp. 321 – 337.

[87] Antoniades A., Heterogeneous Firms, Quality, and Trade. *Journal of International Economics*, Vol. 95, No. 2, 2015, pp. 263 – 273.

[88] Arkolakis C., Market Pennetration Costs and the New Consumers Margin in International Trade. *Journal of Political Economy*, Vol. 118, No. 6, 2010, pp. 1151 – 1199.

[89] Arkolakis C., Ganapati S. and Muendler M., The Extensive Margin of Exporting Products: A Firm-level Analysis. Cowles Foundation Discussion Paper, No. 2028, 2016.

[90] Aw B. Y., An Empirical Model of Mark – Ups in a Quality Differentiated Export Market. *Journal of International Economics*, Vol. 33, 1992, pp. 327 – 344.

[91] Aw B. Y., Price Discrimination and Markups in Export Markets. *Journal of Development Economics*, Vol. 42, 1993, pp. 315 – 336.

[92] Aw B. Y., The Effect of Voluntary Export Restraints on NIE Exports and NIE Pricing Behaviour, U. S. Foreign Policy Towards the Newly Industrializing Economies, George Yu (ed.), University of Illinois, Urbana – Champaign, 1990, pp. 94 – 110.

[93] Aw B. Y., Targeting Industries for Export Promotion: The Case of Singapore. *Journal of Commerce and Industry*, Vol. 2, 1992, pp. 7 – 20.

[94] Aw B. Y. and Amy Hwang, Productivity and the Export Market: A Firm-level Analysis. *Journal of Development Economics*, Vol. 47, 1995, pp. 313 – 332.

[95] Aw B. Y. and Amy Hwang, Quality Adjustment under Quotas in a Multiproduct Model with Joint Production. *Scandinavian Journal of Economics*, Vol. 93, 1991, pp. 555 – 569.

[96] Aw B. Y. , Chung S and Roberts M. J. , Productivity and Turnover in the Export Market: Micro – Level Evidence from the Republic of Korea and Taiwan (China). *The World Bank Economic Review*, Vol. 14, No. 1, 2000, pp. 65 – 90.

[97] Aw B. Y. and Geeta Batra, Firm Size and the Pattern of Diversification. *International Journal of Industrial Organization*, Vol. 16, 1998, pp. 313 – 331.

[98] Aw B. Y. and Geeta Batra, Technological Capability and Firm Efficiency. *World Bank Economic Review*, Vol. 12, 1998, pp. 59 – 79.

[99] Aw B. Y. and Lee Y. , Demand, Costs and Product Scope in the Export Market. *European Economic Review*, Vol. 100, 2017, pp. 28 – 49.

[100] Aw B. Y. and Lee Y. , Product Choice and Market Competition: The Case of Multiproduct Electronic Plants in Taiwan (China). *The Scandinavian Journal of Economics*, Vol. 111, No. 4, 2009, pp. 711 – 740.

[101] Aw B. Y. and Roberts M. J. , Measuring Quality Change in Quota – Constrained Import Markets: The Case of U. S. Footwear. *Journal of International Economics*, Vol. 21, 1986, pp. 45 – 60.

[102] Aw B. Y. and Roberts M. J. , *Price and Quality Level Comparisons for U. S. Footwear: An Application of Multilateral Index Numbers*, Empirical Methods for International Trade, Robert Feenstra (ed.), MIT Press, 1988.

[103] Aw B. Y. , Roberts M. J. and Tor Winston, Export Market Participation, Investments in R&D and Worker Training and the Evolution of Firm Productivity. *The World Economy*, 2007, pp. 83 – 104.

[104] Aw B. Y. , Roberts M. J. and Xu D. Y. , R&D Investments, Exporting and Productivity Dynamics. *American Economic Review*, Vol. 101, 2011, pp. 1312 – 1344.

[105] Aw B. Y. , Roberts M. J. and Xu D. Y. , R&D Investments, Exporting and the Evolution of Firm Productivity. *American Economic Review*, Vol. 98, No. 2, 2008, pp. 451 – 456.

[106] Baily M. N. , Hulten C. and Campbell D. , Productivity Dynamics in Manufacturing Plants. *Brookings Papers on Economic Activity*, 1992,

pp. 187 – 267.

[107] Baldwin R. and Okubo T. , Heterogeneous Firms, Agglomeration and Economic Geography: Spatial Selection and Sorting. *Journal of Economic Geography*, Vol. 6, 2006, pp. 323 – 346.

[108] Baldwin R. and Robert – Nicoud, Trade and Growth with Heterogeneous Firms. *Journal of International Economics*, Vol. 74, No. 1, 2008, pp. 21 – 34.

[109] Baldwin R. and Harrigan J. Zeros, Quality and Space: Trade Theory and Trade Evidence. *American Economic Journal: Microeconomics*, Vol. 3, No. 2, 2011, pp. 60 – 88.

[110] Baller S. , Product Quality, Market Size and Welfare: Theory and Evidence from French Exporters. Oxford: University of Oxford, 2017.

[111] Bartelsman E. and Dhrymes P. , Productivity Dynamics: U. S. Manufacturing Plants. Census Bureau Working Paper, Census Bureau, No. 92, 1992.

[112] Bernard A. , Beveren I and Vandenbussche H. Multi – Produdct Exporters, Carry – along Trade and the Margins of Trade. National Bank of Belgium Working Paper, No. 203, 2001.

[113] Bernard A. , Eaton J. , Jensen J. B. and Kortum S. , Plants and Productivity in International Trade. *American Economic Review*, Vol. 93, 2003, pp. 1268 – 1290.

[114] Bernard A. , Jensen J. B. , Redding S. and Schott P. , Firms in International Trade. *Journal of Economic Perspectives*, Vol. 21, No. 3, 2007, pp. 105 – 130.

[115] Bernard A. and Okubo T. , Multi – Product Plants and Product Switching in Japan. Tuck School of Business, Dartmouth, 2013.

[116] Bernini M. , Guillou S. and Bellone Flora, Firm's Leverage and Export Quality: Evidence from France. *Journal of Banking & Finance*, Vol. 59, 2015, pp. 280 – 296.

[117] Berry S. , Estimating Discrete Choice Models of Product Differentiation. *The RAND Journal of Economics*, Vol. 25, No. 2, 1994, pp. 242 – 262.

［118］ Berry S. , Levinsohn J. and Pakes A. , Automobile Prices in Market Equilibrium. *Econometrica*, Vol. 63, No. 4, 1995, pp. 841 – 890.

［119］ Berry S. and Waldfogel J. , Product Quality and Market Size. *Journal of Industrial Economics*, Vol. 58, No. 1, 2011, pp. 1 – 31.

［120］ Brandt L. , T. G. Rawski and J. Sutton, China's Industrial Development. *China's Great Economic Transformation*, Cambridge University Press, 2008, pp. 569 – 632.

［121］ Branstetter L. and Lardy N. , China's Embrace of Globalization. NBER Working Paper, No. 12373, 2006.

［122］ Broda C. and Weinstein D. , Globalization and the Gains from Variety. *Quarterly Journal of Economics*, Vol. 121, No. 2, 2006, pp. 541 – 586.

［123］ Brunt, Liam, et al. , Inducement Prizes and Innovation. *The Journal of Industrial Economics*, vol. 60, No. 4, 2012, pp. 657 – 96.

［124］ Caves D. W. , Christensen L. and Diewert E. , Multilateral Comparisons of Output, Input and Productivity Using Superlative Index Numbers. *Economic Journal*, Vol. 92, No. 1, 1982, pp. 73 – 96.

［125］ Chen X. and Liao Z. , Sieve Semiparametric Two – Step GMM under Weak Dependence. *Journal of Econometrics*, 2015, p. 189.

［126］ Cimoli, Mario, Giovanni Dosi, Keith E. Maskus, Ruth L. Okediji, J. H. Reichman, and Joseph E. Stiglitz, Intellectual Property Rights: Legal and Economic Challenges for Development. 2014.

［127］ Clerides S. Lach S. and Tybout J. , Is Learning-by – Exporting Important? Micro Dynamic Evidence from Colombia, Mexico and Morocco. *Quarterly Journal of Economics*, Vol. 113, No. 3, 1998, pp. 903 – 947.

［128］ Costa S. , Pappalardo C. and Vicarelli C. , Internationalization Choices and Italian Firm Performance during the Crisis. *Working Papers Luisslab*, Vol. 12, No. 1, 2015, pp. 1 – 17.

［129］ Crozet M. , Head K. and Mayer T. , Quality Sorting and Trade: Firm-level Evidence for French Wine. *Review of Economic Studies*, Vol. 79, 2012, pp. 609 – 644.

［130］ Crozet M. and Pamina K. , Sturctural Gravity Equations with Intensive and Extensive Margins. *Canadian Journal of Economics*, Vol. 43, No. 1, 2010, pp. 41 – 62.

[131] Dasgupta K., Mondria J., Quality Uncertainty and Internediation in International Trade. *European Economic Review*, Vol. 104, 2018, pp. 68 – 91.

[132] Das S., Roberts M. J. and Tybout J., Market Entry Costs, Producer Heterogeneity, and Export Dynamics. *Econometrica*, Vol. 75, No. 3, 2007, pp. 837 – 873.

[133] De Loecker J., Goldberg P., Khandelwal A. and Pavcnik N., Prices, Markups and Trade Reform. *Econometrica*, Vol. 84, No. 2, 2016, pp. 445 – 510.

[134] Di Comite F. and Thisse J. and Vandenbussche H., Verti-zontal Differentiation in Export Markets. *Journal of International Economics*, Vol. 93, No. 1, 2014, pp. 50 – 66.

[135] Diewert W. E., Functional Forms for Profit and Transformation Functions. *Journal of Economics*, Vol. 6, No. 3, 1973, pp. 284 – 316.

[136] Dixit A. K., A Model of Duopoly Suggesting a Theory of Entry Barriers. *The Bell Journal of Economics*, Vol. 10, 1979, pp. 20 – 32.

[137] Dixit A. K. and Stiglitz J. E., Monopolistic Competition and Optimum Product Diversity. *American Economic Review*, Vol. 67, 1977, pp. 297 – 308.

[138] Eaton J., Andrew Bernard, J. Bradford Jensen, and Samuel Kortum, Plants and Productivity in International Trade. *American Economic Review*, Vol. 93, 2003, pp. 1268 – 1290.

[139] Eaton J. and Kortum S., Technology, Geography and Trade. Econometrica, Vol. 70, 2002, pp. 1741 – 1780.

[140] Eaton J., Kortum S. and Kramarz F., An Anatomy of International Trade: Evidence from French Firms. Econometrica, Vol. 79, No. 5, 2011, pp. 1453 – 1499.

[141] Eaton J., Kortum S. and Kramarz F., Dissecting Trade: Firms, Industries, and Export Destinations. *American Economic Review Papers and Proceedings*, Vol. 94, 2004, pp. 150 – 154.

［142］ Eckel C. , Iacovone L. , Javorcik B. and Neary J. P. , Multi-product Firms at Home and Away: Cost-versus quality-based Compe-tence. *Journal of International Economics*, Vol. 95, 2015, pp. 216 – 232.

［143］ Eckel C. and Neary J. P. , Multi-product Firms and Flexible Manufacturing in the Global Economy. *Review of Economic Studies*, Vol. 77, No. 1, 2010, pp. 188 – 217.

［144］ Fajgelbaum P. D. , Grossman G. and Helpman E. , Income Dis-tribution, Product Quality and International Trade. *Journal of Political Econo-my*, Vol. 119, 2011, pp. 721 – 765.

［145］ Fan H. , Li Y. A. and Yeaple S. , Trade Liberalization, Quali-ty, and Export Prices. *Review of Economics and Statistics*, Vol. 97, No. 5, 2015, pp. 1033 – 1051.

［146］ Feenstra Robert C. , Adcanced International Trade: Theory and Evidence. Princeton: Princeton University Press, 2004.

［147］ Feenstra Robert C. and Hong Ma, Optimal Choice of Product Scope for Multiproduct Firms under Monopolistic Competition. In The Organi-zation of Firms in a Global Economy. Edited by Helpman E, Martin D and Verdier T, Cambridge MA: Harvard University Press, 2008.

［148］ Felbermayr G. and Kohler W. , Exploring the Intensive and Ex-tensive Margins of World Trade. *Review of World Economics*, Vol. 142, No. 4, 2006, pp. 642 – 674.

［149］ Fernandes A. and Tang H. , Trade Dynamics of Export Prcessing Plants: Evidence from China. Working Paper, Tufts University, 2011.

［150］ Flora Bellone, Patrick Musso, Lionel Nesta and Frederic Warzynski, International Trade and Firm-level Markups When Location and Quality Matter. *Journal of Economic Geography*, Vol. 16, No. 1, 2016, pp. 67 – 91.

［151］ Foster L. , Haltiwanger J. and Syverson C. , Reallocation, Firm Turnover, and Efficiency: Selection on Productivity or Profitability. *American Economic review*, Vol. 98, No. 1, 2008, pp. 394 – 425.

［152］ Gervais A. , Product Quality and Firm Heterogeneity in Interna-tional Trade. 2009, mimeo.

[153] Gervais A., Product Quality and Firm Heterogeneity in International Trade. *Canadian Journal of Economics*, Vol. 48, No. 3, 2015, pp. 1152 – 1174.

[154] Giovanni D., Stiglitz J., The Role of Intellectual Property Rights in the Development Process, with Some Lessons from Developed Countries: An Introduction, Oxford University Press, 2014.

[155] Goldberg P., Khandelwal A., Pavcnik N. and Topalova P., Multi-product Firms and Product Turnover in the Developing World: Evidence from India. *Review of Economics and Statistics*, Vol. 92, No. 4, 2010, pp. 1042 – 1049.

[156] Hallak J. C., Product Quality and the Direction of Trade. *Journal of International Economics*, Vol. 68, No. 1, 2006, pp. 238 – 265.

[157] Hallak J. C. and Schott P., Estimating Cross – Country Differences in Product Quality. *Quarterly Journal of Economics*, Vol. 126, No. 1, 2011, pp. 417 – 474.

[158] Hallak J. C. and Sivadasan J., Firms' Exporting Behavior under Quality Constraints. NBER Working Paper, No. 14928, 2009.

[159] Hallak J. C. and Sivadasan J., Product and Productivity: Implications for Quality Choice and Conditional Export Premia. *Journal of International Economics*, Vol. 91, No. 1, 2013, pp. 53 – 67.

[160] Harrigan J. and Deng H., China's Local Comparative Advantage. In China's Growing Role in World Trade. Edited by Feenstra Robert C and Wei S, Chicago: Chicago University Press, 2010.

[161] Helpman E., Melitz M. and Rubinstein Y., Estimating Trade Flows: Trading Partners and Trading Volumes. *Quarterly Journal of Economics*, Vol. 123, No. 2, 2008, pp. 441 – 487.

[162] Helpman E., Melitz M. and Yeaple S., Export versus FDI with Heterogeneous Firms. *American Economic Review*, Vol. 94, No. 1, 2004, pp. 300 – 316.

[163] Hopenhayn H., Entry, Exit and Firm Dynamics in Long-run Equilibrium. *Econometrica*, Vol. 60, 1992, pp. 1127 – 1150.

[164] Hottman C., Redding S. and Weinstein D., Quantifying the

Sources of Firm Heterogeneity. *Quarterly Journal of Economics*, Vol. 131, No. 3, 2016, pp. 1291 – 1364.

［165］ Hummels D. and Klenow P. , The Variety and Quality of a Nation's Exports. *American Economic Review*, Vol. 95, No. 3, 2005, pp. 704 – 723.

［166］ Iacovone L. and Javorcik S. , Multi – Product Exporters: Product Churning, Uncertainty and Export Discoveries. *Economic Journal*, Vol. 120, No. 544, 2010, pp. 481 – 499.

［167］ Johnson R. , Trade and Prices with Heterogeneous Firms. *Journal of International Economics*, Vol. 86, 2012, pp. 43 – 56.

［168］ Krugman P. and Venables A. , Unity with Diversity in the European Community. Cambridge: Cambridge University Press, 1990.

［169］ Kugler M. and Verhoogen E. , Prices, Plant Size and Product Quality. *Review of Economic Studies*, Vol. 79, No. 1, 2012, pp. 307 – 339.

［170］ Levinsohn J. and Petrin A. , Estimating Production Functions Using Inputs to Control for Unobservables. *Review of Economic Studies*, Vol. 70, No. 2, 2003, pp. 317 – 341.

［171］ Manova K. and Zhang Z. , China's Exporters and Importers: Firms, Products and Trade Partners. NBER Working Paper, No. 15249, 2009.

［172］ Manova K. and Zhang Z. , Quality Heterogeneity across Firms and Export Destinations. *Quarterly Journal of Economics*, Vol. 127, 2012, pp. 379 – 436.

［173］ Maria B. , Mayer T. and Mathias T. , From Micro to Macro: Demand Supply and Heterogeneity in the Trade Elasticity. *Journal of International Economics*, Vol. 108, 2017, pp. 1 – 19.

［174］ Martin J. and Mejean I. , Low-wage Country Competition and the Quality Content of High-wage Country Exports. Journal of International Economics, Vol. 93, 2014, pp. 140 – 152.

［175］ Mayer T. , Melitz M. and Ottaviano G. , Market Size, Competition and the Product Mix of Exporters. *American Economic Review*, Vol. 104, No. 2, 2014, pp. 495 – 536.

[176] Mayer T. and Ottaviano G. , The Happy Few: The International-isation fo European Firms: New Facts Based on Firm – Level Evidence. *Review of European Economic Policy*, Vol. 43, No. 3, 2008, pp. 135 – 148.

[177] Mazzucato and Mariana, The Enterprenerurial State: Debunking Public vs. Private Sector Myths, London: Anthem, 2013.

[178] Melitz M. , The Impact of Trade on Aggregate Industry Productivity and Intra-industry Reallocation. *Econometrica*, Vol. 71, 2003, pp. 1695 – 1726.

[179] Melitz M. and Ottaviano G. , Market size, Trade and Productivity. *Review of Economic Studies*, Vol. 75, 2008, pp. 295 – 316.

[180] Michele Boldrin, David K. Levine, The Case against Patents. *Journal of Economic Perspectives*, Vol. 27, No. 1, 2013, pp. 3 – 22.

[181] Nevo A. , Measuring Market Power in the Ready-to-eat Cereal Industry. Econometrica, Vol. 69, No. 2, 2001, pp. 307 – 342.

[182] Nocke V. and Yeaple S. , Globalization and Endogenous Firm Scope. SSRN Electronic Journal, 2006.

[183] Olley G. S. and Pakes A. , Dynamics of Productivity in the Telecommunications Equipment Industry. *Econometrica*, Vol. 64, No. 6, 1996, pp. 1263 – 1297.

[184] Ottaviano G. , Carlo Altomonte, Tommaso Aquilante and G. B. , Internationalization and innovation of firms: evidence and policy. *Economic Policy*, Vol. 28, 2013, pp. 663 – 700.

[185] Ottaviano G. , Gregory Corcos, Massimo Del Gatto and Giordano Mion, Productivity and Firm Selection: Quantifying the "New" Gains from Trade. *Economic Journal*, Vol. 122, 2012, pp. 754 – 798.

[186] Ottaviano G. , Tabuchi T. and Thisse J. , Agglomeration and Trade Revisited. *International Economic Review*, Vol. 43, 2002, pp. 409 – 436.

[187] Ottaviano G. , Thierry Mayer and Marc Melitz, Market size, competition, and the product mix of exporters. *American Economic Review*, Vol. 104, 2014, pp. 495 – 536.

[188] Park A. , Yang D. , Shi X. and Jiang Y. , Exporting and Firm

Performance: Chinese Exporters and the Asian Financial Crisis. *Review of Economics and Statistics*, Vol. 92, No. 4, 2010, pp. 833 – 842.

[189] Parry B. , Patent and the Challenge of "Open Source" in an Emergent Biological Commons, BioSocieties, 2019.

[190] Petrin A. , Poi P. B. and Levinsohn J. , Production Function Estimation in Stata Using Inputs to Control for Unobservables. *The Stata Journal*, Vol. 4, No. 2, 2004, pp. 113 – 123.

[191] Picard M. and Okubo T. , Firms' Locations under Demand Heterogeneity. *Regional Science and Urban Economics*, Vol. 42, 2012, pp. 961 – 974.

[192] Piveteau P. and Smagghue G. , Estimating Firm Product Quality Using Trade Data. Working Paper, 2018.

[193] Phlips L. , Applied Consumption Analysis. Amsterdam: North – Holland Pub. Co. , 1990.

[194] Pozzi A. and Schivardi F. , Demand or Productivity: What Determines Firm Growth. *The RAND Journal of Economics*, Vol. 47, No. 3, 2016, pp. 608 – 630.

[195] Redding S. and Weinstein D. , Measuring Aggregate Price Indexes with Demand Shocks: Theory and Evidence for CES Preferences. NBER Woring Paper, No. 22479, 2016.

[196] Roberts M. J. , Industrial Evolution in Developing Countries: Micro Patterns of Turnover, Productivity and Market Structure. Oxford: Oxford University Press, 1996.

[197] Roberts M. J. , Bettina P. and Van Anh V. , Firm R&D Investment and Export Market Exposure. NBER Working Paper, No. 25528, 2018.

[198] Roberts M. J. , Bettina P. , Van Anh V. and Helmut F. , Estimating Dynamic R&D Demand: An Analysis of Costs and Long – Run Benefits. *The RAND Journal of Economics*, Vol. 48, No. 2, 2017, pp. 409 – 437.

[199] Roberts M. J. and Dylan Supina, *Output Price and Markup Dispersion in Producer Micro Data: The Roles of Producer Heterogeneity and Noise*. Michael R. Baye (ed.), Advances in Applied Microeconomics, Vol. 9, Industrial Organization, JAI Press, 2000, pp. 1 – 36.

［200］Roberts M. J. , Mark Doms and Timothy Dunne, The Role of Technology Use in the Survival and Growth of Manufacturing Plants. *International Journal of Industrial Organization*, Vol. 13, No. 4, 1995, pp. 501 – 522.

［201］Roberts M. J. , Sanghamitra Das and Tybout J. , Market Entry Costs, Producer Heterogeneity, and Export Dynamics. *Econometrica*, Vol. 75, No. 3, 2007, pp. 837 – 873.

［202］Roberts M. J. , Timothy Dunne, *Costs, Demand, and Imperfect Competition as Determinants of Plant – Level Output Prices.* David Audretsch and John Siegfried (eds.), Empirical Studies in Industrial Organization: Essays in Honor of Leonard W. Weiss, Kluwer Academic Publishers, 1992, pp. 13 – 34.

［203］Roberts M. J. , Timothy Dunne, *Variation in Producer Turnover across U. S. Manufacturing Industries.* Paul. A. Geroski and Joachim Schwalbach (eds.), Entry and Market Contestability: An International Comparison, Basil Blackwell, 1991, pp. 187 – 203.

［204］Roberts M. J. , Timothy Dunne and Larry S. , Firm Entry and Post – Entry Performance in the U. S. Chemical Industries. *The Journal of Law and Economics*, Vol. 32, No. 2, 1989, pp. 233 – 272.

［205］Roberts M. J. , Timothy Dunne and Larry S. , Patterns of Firm Entry and Exit in U. S. Manufacturing Industries. *Rand Journal of Economics*, Vol. 19, No. 4, 1988, pp. 495 – 515.

［206］Roberts M. J. , Timothy Dunne, Shawn D. Klimek, Exit from Regional Manufacturing Markets: The Role of Entrant Experience. *The International Journal of Industrial Organization*, Vol. 23, No. 5 – 6, 2005, pp. 399 – 421.

［207］Roberts M. J. , Timothy Dunne, Shawn D. Klimek and Daniel Yi X. , Entry, Exit, and the Determinants of Market Structure. *Rand Journal of Economics*, Vol. 44, No. 3, 2013, pp. 462 – 487.

［208］Roberts M. J. and Tybout J. , Decision to Export in Colombia: An Empirical Model of Entry with Sunk Costs. *American Economic Review*, Vol. 87, No. 4, 1997, pp. 545 – 564.

［209］ Roberts M. J. and Tybout J. , *Colombia*, 1977 – 85: *Producer Turnover*, *Margins*, *and Trade Exposure*. Industrial Evolution in Developing Countries: Micro Patterns of Turnover, Productivity, and Market Structure, Oxford University Press, 1996, pp. 227 – 259.

［210］ Roberts M. J. and Van Anh V. , Empirical Modeling of R&D Demand in a Dynamic Framework. *Applied Economic Perspectives and Policy*, Vol. 35, No. 2, 2013, pp. 185 – 205.

［211］ Roberts M. J. , Xu D. Y. , Fan X. and Zhang S. , A Structural Model of Demand, Cost, and Export Market Selection for Chinese Footwear Producers. The Pennsylvania State University, 2016.

［212］ Roberts M. J. , Xu D. Y. , Fan X. and Zhang S. , The Role of Firm Factors in Demand, Cost and Export Market Selection for Chinese Footwear Producers. *Review of Economic Studies*, Vol. 85, No. 4, 2018, pp. 2429 – 2461.

［213］ Rodrigue J. and Tan Y. , Price, Product Quality and Exporter Dynamics: Evidence from China. *International Economic Review*, Vol. 60, No. 4, 2019, pp. 1911 – 1955.

［214］ Schott P. , Across-product versus Within-product Specialization in International Trade. *Quarterly Journal of Economics*, Vol. 119, 2004, pp. 647 – 678.

［215］ Schott P. , Relative Sophistication of Chinese Exporters. *Economic Policy*, Vol. 53, 2008, pp. 5 – 49.

［216］ Stiglitz J. , Greenwald B. and Arrow K. , Creating a Learning Society: A New Approach to Growth, Development and Social Progress, Columbia University Press, 2014.

［217］ Sutton J. , Quality, Trade and the Moving Window: The Globalization Process. *The Economic Journal*, Vol. 117, 2007, pp. 469 – 498.

［218］ Timothy D. , Shawn K. and Roberts M. J. and Daniel Yi X. , Entry, Exit and the Determinates of Market Structure. *The RAND Journal of Economics*, Vol. 44, No. 3, 2013, pp. 462 – 487.

［219］ Tybout J. , Making Noisy Data Sing: Estimating Production Technologies in Developing Countries. *Journal of Econometrics*, Vol. 53,

1992, pp. 25 – 44.

[220] Tybout J. , Hijime Katayama and Shihua L. , Firm – Level Productivity Studies: Illusions and a Solution. *International Journal of Industrial Organization*, Vol. 27, No. 3, 2009, pp. 403 – 413.

[221] Tybout J. and M. Daniel Westbrook, Trade Liberalization and Dimensions of Efficiency Change in Mexican Manufacturing Industries. *Journal of International Economics*, Vol. 39, 1995, pp. 53 – 78.

[222] Tybout J. , Mita Das and Mark R. J. , Market Entry Costs, Producer Heterogeneity and Export Dynamics. *Econometrica*, Vol. 75, No. 3, 2007, pp. 837 – 873.

[223] Tybout J. , Sofronis C. and Saul L. , Is Learning-by – Exporting Important? Micro-dynamic Evidence from Colombia, Mexico and Morocco. *Quarterly Journal of Economics*, 1998, pp. 903 – 947.

[224] Upward R. , Wang Z. and Zheng J. , Weighing China's Export Basket: The Domestic Content and Technology Intensity of Chinese Exports. *Journal of Comparative Economics*, Vol. 41, No. 2, 2013, pp. 527 – 543.

[225] Ushchev P. and Zenou Y. , Price Competition in Product Variety Networks. *Games and Economic Behavior*, Vol. 110, 2018, pp. 226 – 247.

[226] Vives X. , Trade Association Disclosure Rules, Incentives to Share Information and Welfare. *Rand Journal of Econmomics*, Vol. 21, 1990, pp. 409 – 430.

[227] Yeaple S. , A Simple Model of Firm Heterogeneity, International Trade and Wages. *Journal of International Economics*, Vol. 65, No. 1, 2005, pp. 1 – 20.

[228] Yeaple S. , Firm Heterogeneity and the Structure of U. S. Multinational Activity: An Empirical Analysis. *Journal of International Economics*, Vol. 78, No. 2, 2009, pp. 206 – 215.

[229] Yeaple S. , Scale, Scope and the International Expansion Strategies of Multiproduct firms. NBER Working Paper, No. 19166, 2013.

[230] Yeaple S. , The Multinational Firm. Annual Review of Economics, Vol. 5, 2013, pp. 193 – 217.

［231］Yeaple S. , Haichao Fan and Amber Li, Trade Liberalization, Quality, and Export Prices. *Review of Economics and Statistics*, Vol. 97, No. 5, 2015, pp. 1033 – 1051.

［232］Yeaple S. and Steve Golub, International Productivity Differences, Infrastructure, and Comparative Advantage. *Review of International Economics*, Vol. 15, No. 2, 2007, pp. 223 – 242.

［233］Yeaple S. and Volker Nocke, Globalization and Multiproduct Firms. *International Economic Review*, Vol. 55, No. 4, 2014, pp. 993 – 1018.

［234］Yeaple S. and Wolfgang Keller, Multinational Enterprises, International Trade, and Technology Diffusion: A Firm-level Analysis of the Productivity Effects of Foreign Competition in the United States. *Review of Economics and Statistics*, Vol. 91, No. 4, 2009, pp. 821 – 831.

［235］Wagner J. , Exports and Productivity: A Survey of the Evidence from Firm – Level Data. *The World Economy*, Vol. 30, No. 1, 2007, pp. 60 – 82.

［236］Zheng J. , Bigsten A. and Hu A. , Can China's Growth Be Sustained? A Productivity Perspective. *World Development*, Vol. 37, No. 4, 2009, pp. 874 – 888.

后　　记

习近平总书记在党的二十大报告中强调："推进高水平对外开放。依托我国超大规模市场优势，以国内大循环吸引全球资源要素，增强国内国际两个市场两种资源联动效应，提升贸易投资合作质量和水平。"开放是人类文明进步的动力源泉，是世界繁荣发展的必然选择。习近平总书记为推进我国高水平开放指明了方向。我国推进高水平对外开放，将为世界提供新的发展契机，为构建人类命运共同体做出积极贡献。

建设贸易强国，是推进高水平对外开放和全面建设社会主义现代化国家的重要使命。2017 年以来，我国货物贸易总额连续五年位居全球第一。2020 年，我国货物和服务贸易总额跃居全球第一。然而，我国对外贸易"大而不强"的特点依然突出，贸易结构、贸易方式、贸易产品等方面仍然与贸易强国有一定差距。同时，我国人口老龄化程度不断加深，劳动力成本不断上升，加工贸易利润空间被压缩，代加工类制造业已经开始转移。另外，"贸易保护主义"不断抬头，全球供应链安全问题面临新的挑战。

高质量发展已经成为新发展格局下我国外贸发展的目标和要求。面对严峻复杂的外贸形势，出口企业必须不断提高国际竞争力，优化出口模式与战略，在出口产品质量、品牌、技术、设计、服务等方面精益求精，掌握生存发展主动权。我国出口企业正在加速向全球价值链中高端迈进，只有不断创新，实现技术突围，加强新产品开发，改进原有产品，严格把控原材料与人工成本，才能有效提高产品附加值。

针对出口企业竞争力的研究主要基于异质性企业贸易理论。该理论的代表人物梅利兹提出，企业生产率的高低决定了其是否能够进入国际市场。由此，生产率成为企业异质性的重要维度。随着该理论研究的不断扩展和深入，其他企业异质性也被纳入了分析范围，包括出口企业的固定成本、进入成本以及企业层面的产品异质性等，多个企业异质性的相互区分也受到更多关注。

提高出口企业国际竞争力，首先需要确定出口企业的比较优势来源。为了帮助出口企业做出合适的出口模式选择、确定高效的生产决策，本书基于异质性企业贸易理论的已有研究成果，采用异质性企业贸易理论模型基本架构，融入多个维度的企业异质性，进一步放宽企业竞争的部分假设，充分考虑市场对单个企业决策的影响，保证理论模型较强解析性的同时对基本模型进行贴近国际贸易现实的改进，通过分析关键变量之间的关系确定出口企业比较优势的来源。本书在理论分析的基础上，采用我国出口企业生产和出口的微观数据对理论结论进行验证。随后，又进行了一系列相关经验分析。

本书的主要结论包括：产品异质性和企业异质性在企业出口深度边际扩张和广度边际扩张过程中均发挥了重要作用，产品异质性与企业异质性在企业出口二元边际扩张过程中的相对重要性与市场需求弹性和生产成本弹性有关。其中，不同优势来源企业在进行出口扩张时需要根据比较优势采取差异策略，出口目的地不同的企业需要根据出口目的地的市场弹性对生产策略进行相应调整，不同行业的出口企业需要根据生产成本弹性决定产品创新程度等。

本书为我国企业出口战略选择提供政策建议的同时，还建议我国出口企业通过增强颠覆性创新能力提高产品竞争力。出口企业能够准确把握目标市场的需求，比其他创新主体更容易将创新成果转化成经济收益。颠覆性创新可以最大限度地降低出口企业产品在国际市场的可替代性，掌握国际竞争的主动权。鼓励出口企业进行颠覆性创新，在不断完善专利制度的同时，还需要加强专利制度协同体系建设，力求对出口企业的颠覆性创新进行全方位激励。

本书获得山东省自然科学基金：产品质量、边际成本与企业出口模式选择研究（ZR2021QG060）资助。在这本书的写作过程中，我的博士研究生导师刘国亮教授、硕士研究生导师刘庆林教授、山东大学的臧旭恒教授和曲创教授给予了我巨大的帮助，山东财经大学的领导和同事们给予了我巨大的支持，我的家人给予了我无限的空间和动力。还有我的同门：白洁、王明益、刘晓宁、李传超、魏庆文、李朝婷、卢超。没

179

有他们，这本书很难顺利完成。另外，感谢经济科学出版社的编辑老师，是他们的细致工作使得这本书能够顺利出版。由衷地感谢所有帮助过我的朋友们。

邢 洁

2022 年 12 月 10 日